道德经案例通解

陈正林 ◎ 著

中国商业出版社

图书在版编目（CIP）数据

道德经案例通解 / 陈正林著 . -- 北京 : 中国商业出版社 , 2024.5
ISBN 978-7-5208-2889-5

Ⅰ . ①道… Ⅱ . ①陈… Ⅲ . ①《道德经》– 通俗读物 Ⅳ . ① B223.1-49

中国国家版本馆 CIP 数据核字 (2024) 第 076635 号

责任编辑：王　彦

中国商业出版社出版发行
（www.zgsycb.com　100053　北京广安门内报国寺 1 号）
总编室：010 -63180647　编辑室：010 -63033100
发行部：010 -83120835/8286
新华书店经销
三河市华东印刷有限公司印刷
*
880 毫米 ×1230 毫米　32 开　7.75 印张　150 千字
2024 年 5 月第 1 版　2024 年 5 月第 1 次印刷
定价：69.00 元
*****
（如有印装质量问题可更换）

自序

《道德经》，又称《道德真经》或《老子》，是道家学派的奠基之作，由春秋末期老子所著。这部经典著作共有八十一章，涵盖道家哲学、道德伦理、政治治理、人生哲学等诸多方面，对后世产生了深远的影响。

《道德经》在中国被誉为“万经之王”“文化之源”，它不仅对道家学派产生了重要影响，同时为儒家、法家、佛家等其他学派提供了丰富的思想资源。道家学说强调顺应自然、克己奉公、无为而治，使中国古代社会在政治、经济和社会制度方面形成了稳定且持久的秩序。此外，道家思想对于修身养性、治国平天下的观念主张和后世的文化人产生了深远的影响。在文学、诗歌、绘画、音乐等方面，道家思想的精神内涵也得到了充分体现，为中华民族独特的文化气质提供了源源不断的滋养。

从全球范围来看，《道德经》的影响力也是举世瞩目的。自 17 世纪以来，随着《道德经》在欧洲的传播，受到了众多西方哲学家的关注与研究。它的自然主义、简约、和谐的思想观念，为西方哲学研究带来了新的视角和启示。欧洲众多哲学家的思想如康德、黑格尔等，都受到《道德经》的影响。康德的道德哲学强调内在自律与道德法则的遵循，与《道德经》中道家提倡的“无为而治”思想有异曲同工之妙。黑格尔的辩证法中强调对立统一和事物发展的阶段性，与《道德经》中的阴阳五行理论、万物互补互成的观念存在密切关联。马克思的历史唯物主义关注社会发展规律，与《道德经》中强调顺应自然、顺应社会规律的思想具有异曲同工之妙。

在亚洲，佛教文化的创立者乔达摩·悉达多受到《道德经》的启示，佛教教义中关于人生苦难、因果定律、中庸之道等观念与《道德经》中的道家思想有许多相通之处。佛教的禅修实践在很大程度上也受到道家的内观修养和心性修炼的影响。

《道德经》在2500多年的传播过程中，共计有2000多种译注版本，其中河上公、王弼、王安石、魏源、陈鼓应等译注版本具有公认的较大的学术价值。然而，这些版本对普通读者而言仍具有一定的理解难度。在此背景下，笔者经过30年对《道德经》的研读，从最初的困惑不解到逐渐悟出自己的见解，历经无数次的探索和反思。在这漫长的求知过程中，作者不仅深入研究了《道德经》的原文及各种译注版本，并且更广泛地涉猎了与道家思想相关的东西方哲学、文化、历史等诸多领域，力求对《道德经》的内涵和实践进行全面而深刻的解析。为了将道家哲学的智慧传播得更为广泛，本书尝试着结合案例对《道德经》进行解读。

在本书中，笔者精选了许多贴近现实且耳熟能详的人物案例，旨在帮助读者更好地领悟《道德经》中的智慧。希望通过案例解读，读者可以更直观地理解《道德经》的思想本质，更轻松地将其应用到日常生活和工作中，以实现其思想在现代社会的传承与发扬。同时，为了让社会各界人士，包括学生、教师、企业家、公务员、普通工作者及古文基础差的读者等都能够理解并学以致用，本书放弃了之前众多学者译注《道德经》那种繁冗复杂但对于读者并无实际意义的条文引注，力求以通俗易懂的语言阐述《道德经》的精髓，使之成为一部具有广泛吸引力和实用性的大众读物。

在此，我要申明本书解读的学术独立性及学术局限性。尽管作者竭尽全力将《道德经》的精髓呈现给读者，但限于作者的知识和能力局限，此解读并非《道德经》的终极解读，而只是对《道德经》博大精深内涵解读的一种尝试和探索。希望通过这样的探索，能够激发更多人读《道德经》的兴趣，更多地启发人们对《道德经》的哲学思考和现实应用。在阅读过程中，希望读者能够独立思考，客观借鉴，客观评价这部作品，同时恳请大家指出其中的错漏和不足之处。

作为一名研究《道德经》的学者，我深知这部经典著作蕴含的丰富智慧远不止于此。在未来的研究过程中，我将继续努力，深入挖掘《道德经》的精髓，为广大读者提供更加丰富、深刻的解读。

在此书付梓之际，我要感谢多年来一直支持我研究《道德经》的家人、朋友和同事。尤其是要感谢我的恩师张开刚先生，是他最早提出让我写一本通俗易懂的《道德经案例通解》白话版，分享给那些渴望读到这本书的人，并且在本书的定稿过程中，恩师还给了我若干意见和指导帮助，在此深深致谢恩师。

最后，愿您在阅读这本《道德经案例通解》的过程中，能够充分感受到老子伟大智慧的魅力，从而启迪心智，丰富人生。愿《道德经》的智慧引领您在生活和工作的道路上行稳致远。

作者

2023 年孟春于上海沌沌书斋

目录

上篇 道经

下篇　德经

上篇　道经

第一章

道可道，非常道；名可名，非常名。无名，天地之始；有名，万物之母。故常无欲，以观其妙；常有欲，以观其徼【jiào】。此两者同出而异名，同谓之玄。玄之又玄，众妙之门。

这一章以简练的文字阐述了道家哲学的核心思想，包括对道、名、无、有的论述以及对欲望的审视。接下来，我们将从哲学角度对本章的内容进行解读，并结合现实案例加以说明。

首先，老子提出“道可道，非常道；名可名，非常名”，这是对道与名的论述。道，是宇宙的本源、运行规律和终极原则，而名是对万物的标识。道无法用常规方式表述，因为它超越了人类语言的界限。名虽可被定义，但名并不能完全捕捉万物的本质。这种表述揭示了道家哲学对宇宙本源和人类认知的谦卑态度。

在现代科学领域，量子力学的发展也体现出了类似的认识论立场。著名的哥本哈根学派认为，观察者的行为会影响被观察的现象，使得实验结果无法独立于观察者。这与老子的观点有异曲同工之妙，都表现出了对知识界限的谨慎认识。

其次，老子讨论了无与有的关系：“无名，天地之始；有名，万物之母。”“无”代表混沌、未创之初的宇宙状态，而“有”则是经过创造、区分后的万物存在。在这里，老子强调了从无到有的过程，认为万物都源于“无”。这是道家哲学对宇宙生成的一种诠释。

在大自然中，我们可以观察到无数生命的诞生与消亡。比如森林火灾后，原本茂密的森林变成焦土，然而在灰烬中，新的生命依然会孕育、成长，最终重新繁茂。这是无与有的循环过程的具体体现。

再次，老子论述了欲望的影响：“故常无欲，以观其妙；常有欲，以观其徼。”在这里，老子提倡在无欲的状态下去观察世界，以领悟宇宙的奥妙。而在有欲的状态下观察，人们往往会受到欲望的束缚，难以看到事物的真实面貌。通过这种对比，老子强调了心境对认知的重要影响。

现实生活中，一个人在面对职业选择时，如果能够摆脱物质欲望的影响，去认真审视自己的兴趣、能力和价值观，他更可能找到适合自己的职业。相反地，如果一个人过于关注名利，可能会忽略对个人发展的长远考虑，从而导致职业生涯的迷茫。

最后，老子指出：“此两者同出而异名，同谓之玄。玄之又玄，众妙之门。”这句话表明，无与有、欲与无欲这些看似对立的概念，实际上都源于同一个宇宙原理——道。道的奥妙就在于它既包含了无与有的对立，又超越了这种对立。通过理解这种玄妙的道，人们可以开启通向智慧的大门。

总结：《道德经》第一章通过对道与名、无与有、欲望等课题的论述，展示了道家哲学的核心观念。这些观念在现代生活中具有重要的指导意义，能帮助我们认识世界、审视自己和调整心态。

第二章

天下皆知美之为美，斯恶已；皆知善之为善，斯不善已。故有无相生，难易相成，长短相较，高下相倾，音声相和，前后相随。是以圣人处无为之事，行不言之教。万物作焉而不辞，生而不有，为而不恃，功成而弗居。夫唯弗居，是以不去。

在这一章中，老子通过阐述事物的相互关系、辩证法和无为而治的哲学思想，帮助我们更好地理解世界。下面，我们将从哲学角度解读这一章，并通过现实案例加以说明。

首先，老子指出，世界上的美与恶、善与恶是互为参照、对比出现、相互依存的。这意味着事物之间存在对立统一的关系，它们相互依赖，相互转化。在现实生活中，我们可以从许多方面看到这一点。比如，在经济发展中，贫富差距的存在反映了贫穷与富裕的对立统一。没有贫穷，我们无法认识到富裕的价值；没有富裕，我们也无法激发人们摆脱贫穷的决心。这种辩证思维有助于我们更全面地认识世界，更好地处理生活中的种种矛盾。

其次，老子进一步阐述了事物的相互关系，如“故有无相生，难易相成，长短相较，高下相倾，音声相和，前后相随。”这些例子说明事物的存在和发展离不开它们之间的相互作用。我们可以从家庭、工作和社会等各个方面找到这种相互关系的体现。例如，一个家庭中的亲情与友情、责任与信任都是相辅相成的；在工作中，团队的成功离不开成员之间的相互支持与协作；在社会中，和谐与稳定依赖于人们的相互理解与包容。

再次，老子提出了“无为而治”的哲学思想：“是以圣人处无为之事，行不言之教。万物作焉而不辞，生而不有，为而不恃，功成而弗居。”这里的“无为”并不是指消极懈怠，而是指顺应自然，不强求、不操之过急。这种思想在现实生活中有着广泛的应用。例如，在教育孩子时，过于严格的管教往往会适得其反，而给予孩子适当的自由和引导，顺其自然地成长，往往能获得更好的效果；在职场上，管理者若能顺应员工的特点，为他们创造一个宽松的工作环境，尊重他们的创意和想法，往往能激发员工的潜力，使整个团队发挥出更大的价值。

在现实生活中，有许多成功的企业家和领导人恰恰就是运用了“无为而治”的哲学思想。比如，苹果公司的前首席执行官（CEO）史蒂夫·乔布斯便是以这种管理方式闻名。他相信，给予员工自由和信任，激发他们的创造力和激情，是推动公司成功的关键因素。他曾说：“我们招聘了优秀的人才，不是让他们来听我们的命令，而是让他们告诉我们应该怎么做。”这种领导风格在很大程度上促使了苹果公司的成功。

最后，老子强调了功成不居的品质："为而不恃，功成而弗居。夫唯弗居，是以不去。"这意味着，在取得一定成功后，我们应保持谦逊，不要沾沾自喜，不要固守已有的成就。这样的心态有助于我们持续进步，追求更高的目标。例如，著名篮球运动员迈克尔·乔丹，在职业生涯中取得了无数荣誉，但他始终保持谦逊的态度并怀揣着一颗敬畏心，不断挑战自己，最终成为篮球历史上最伟大的球员之一。

总结：《道德经》第二章从哲学角度阐述了世间事物的相互关系、辩证法和无为而治等思想。这些哲学思想在现实生活中有着广泛的应用，为我们成长过程中处理问题提供了有益的启示。通过学习和实践老子的哲学，我们可以更好地认识世界，更为明智地应对生活中的挑战。

第三章

不尚贤，使民不争；不贵难得之货，使民不为盗；不见可欲，使民心不乱。是以圣人之治：虚其心，实其腹；弱其志，强其骨。常使民无知无欲，使夫智者不敢为也。为无为，则无不治。

在这一章中，老子阐述了治理国家的原则和方法，强调无为而治，使人民的欲望得以抑制，从而达到社会和谐与稳定的目的。接下来，我们将从哲学角度解读这一章，并通过现实案例加以说明。

首先，老子提倡“不尚贤，使民不争”。这里的“不尚贤”并非指不重视贤能之士，而是提醒统治者避免过分宣扬个人英雄主义，以免引起人民的竞争与冲突。在现实生活中，一个明智的领导者应当关注团队的整体和谐，避免过分强调个人的能力和地位，从而实现团队成员之间的和谐共处。例如，谷歌公司的管理团队就强调平等、开放和合作的氛围，使员工在这种环境中充分发挥自身的创造力，共同推动公司的发展。

其次，老子强调“不贵难得之货，使民不为盗”。这里提醒统治者避免过分追求物质利益，缩小人民之间的贫富差距。在现代社会，许多国家正努力解决贫富差距问题，以减少社会不公和矛盾。例如，北欧国家瑞典就通过高福利制度和合理的税收政策，有效地缩小了贫富差距，使社会更加和谐、安定。

最后，老子主张“不见可欲，使民心不乱”。这里的“不见可欲”强调了统治者应该以身作则，树立崇尚简朴、追求内心安宁的价值观，从而引导人民远离物欲的纷扰。在现实生活中，许多成功的领导人都具备这种品质，他们注重精神生活的丰富，而不是过分追求物质财富。比如印度国父甘地就是以其简朴的生活方式和崇高的道德品质感召无数民众，引导他们走向独立与和平。甘地的非暴力和平抗争理念和简朴的生活方式，成为印度民众的精神支柱，帮助他们抵御外部压力，追求心灵的解放。

在这一章的后半部分，老子提出了“虚其心，实其腹；弱其志，强其骨”的治理原则。这里的“虚其心”意味着要让民众保持谦卑、宽容的心态，避免心胸狭窄；“实其腹”则是指要满足民众的基本生活需求；“弱其志”意味着使民众不过分追求名利；“强其骨”则是要增强民众的体魄，使他们有足够的能力去应对生活的挑战。这些原则在现代社会仍具有指导意义。

以现实案例来说，新加坡的前总理李光耀便是一个成功地实践了这些原则的领导者。在新加坡独立之初，他领导下的政府关注民众的基本生活需求，大力发展住房、教育和医疗等基础设施建设，从而使新加坡迅速崛起为世界上最繁荣、安定的国家之一。同时，李光耀倡导廉洁从政，强调公务员的职业道德和廉政建设，以自己的高尚品质和严谨的工作作风为新加坡创造了良好的政治文化环境。

总结：《道德经》第三章从哲学角度阐述了治理国家的原则和方法，强调无为而治、抑制民众欲望、满足民生需求等思想。这些古老的智慧在现代社会中依然有着实用价值，无论是团队管理、贫富差距缓解，还是个人道德修养的培养。通过认真研究和实践老子这一章的教诲，我们能更加明智地应对现实生活的挑战，追求一个更和谐、平衡的社会。

第四章

道冲，而用之或不盈。渊兮，似万物之宗：挫其锐，解其纷；和其光，同其尘。湛【zhàn】兮，似或存。吾不知谁之子，象帝之先。

在《道德经》第四章中，老子对道的本质、作用以及与万物的关系进行了深入阐述。这一章强调了道的无形、无穷，与众生共存的特性。从哲学角度出发，我们可以通过现实案例来解读这一章的内容。

首先，老子将道描述为“道冲，而用之或不盈”，意味着道是无形的、无穷的，永远不会枯竭。这里的“冲”可以理解为空虚、虚空，表现出道的无形属性。在现实生活中，道的无形、无穷特性可以类比于自然法则、道德准则等。例如，引力是一个自然法则，它无处不在、无穷无尽，始终存在于我们的生活中。道德准则如诚实、善良、公平等原则，同样是无形的、无穷无尽的，永远引导着人类的行为。

其次，老子提到道：“渊兮，似万物之宗”，意味着道是宇宙万物的根源，一切事物都源于道。在现实生活中，许多事物的成因、发展都遵循一定的规律。例如，生态系统中的生物相互依存，构成了一个平衡的整体，这正是道的体现。在人类社会中，道作为一种普遍的原则或规律，也贯穿于各个领域。比如，商业领域中诚信经营的原则，政治领域中民主公正的理念，教育领域中平等尊重的观念等。

再次，老子强调道能“挫其锐，解其纷；和其光，同其尘”。这意味着道具有调和、消除纷争的功能，能够使各种矛盾和冲突得到缓解。在现实生活中，许多冲突和矛盾都需要道的调和。例如，在家庭关系中，亲情和理解能够化解家庭纷争；在国际关系中，和平与合作可以消除战争的危险。道的这种调和作用在社会的各种关系中都有体现。

最后，老子称道为“湛兮，似或存”，表明道虽然无形，却是实实在在存在的。道可能无法用具体的形象来表示，但它在我们的生活中无处不在，无时不在。在现实生活中，道的存在与作用也可以通过各种现象和案例来感知。例如，在科学发现中，道体现为自然规律，指导着科学家的研究；在道德伦理上，道是引导人们行为的准则；在艺术领域，道则是创作灵感的源泉。

苏东坡，即苏轼，是宋代著名的文学家、书法家、政治家。他在政治和文学方面的成就很好地体现了《道德经》第四章“道冲，而用之或不盈。渊兮，似万物之宗”的思想。

首先，苏东坡在担任官职时，面对政治和社会的纷扰，展示了“挫其锐，解其纷”的智慧。例如，在他担任杭州知府时，他采用了许多富有创意和人性化的管理方法，包括改革税制和鼓励农业生产，有效地缓解了社会矛盾。这一行为展示了“道冲，而用之或不盈”的思想，即道之力量在于其“空”的一面，这种“空”能够容纳万物、解决纠纷。

其次，苏东坡在文学创作上也展现了“和其光，同其尘”的人文精神。他的诗词不仅具有高度的艺术价值，还反映了他对生活和人性的深刻理解。他的作品中透露出一种包容和平衡的哲学，与《道德经》中提到的“湛兮似或存”的境界相符。

最后，苏东坡也是一位具有“渊兮，似万物之宗”的智慧和境界的人。他在面对个人的挫折和困境时，例如他被贬至黄州，依然能保持一种超然和从容，这也体现了他内心的“道”的修养。

综上所述，苏东坡的生活和工作充分体现了《道德经》第四章的多个方面，包括道的包容性、解决问题的智慧以及在复杂世界中保持平衡和从容的能力。他的具体事例为我们提供了一个生动的范例，展示了如何在现实生活中应用和理解这一章节的深刻含义。

总结：《道德经》第四章通过对道的阐述和解读，揭示了道的无形、无穷、与万物共存的特性。这一章强调道的调和作用和无处不在的存在。在现实生活中，我们可以通过观察、思考各种现象和案例来体会到道的作用，从而更好地理解和运用道的智慧，以达到内心与外部世界的和谐统一。

第五章

天地不仁，以万物为刍【chú】狗；圣人不仁，以百姓为刍狗。天地之间，其犹橐籥【tuó yuè】乎？虚而不屈，动而愈出。多言数穷，不如守中。

老子的《道德经》第五章，主要强调了宇宙的“道”的中立性以及人类应该如何利用好“中立性”这个“道”的智慧。以下是从哲学角度出发，结合现实案例进行分析。

首先，第五章提道：“天地不仁，以万物为刍狗”，这里的“不仁”并非贬义，而是形容宇宙中自然法则的中立、客观，不受任何道德标准的制约。这种客观中立性使得宇宙中的万事万物都遵循自然规律。从哲学角度来看，这是一种自然主义的观点，强调宇宙本质与道德、善恶无关。

现实中，我们可以从自然灾害中看到这一点。例如，地震、台风、洪水等自然灾害，它们的发生没有好恶之分，只是自然规律的体现。它们并不针对特定的人或物，而是不分青红皂白地发挥作用。这正是“以万物为刍狗”所揭示的道理。

其次，“圣人不仁，以百姓为刍狗”，这里的“圣人”指的是具有智慧、德行的领导者。他们在治理国家、管理百姓时，也应该像宇宙一样中立、公正。换句话说，圣人不应受道德标准的局限，而是要站在更高的维度来看待事物。

汉武帝，即刘彻，是西汉的一位杰出的皇帝，以扩张疆土、强化中央集权、推崇儒学而著名。他的统治方式和政治决策在某种程度上体现了《道德经》第五章“天地不仁，以万物为刍狗；圣人不仁，以百姓为刍狗”的思想。

首先，汉武帝在扩张疆土和中央集权的过程中，常以国家利益为重，却也对百姓和边疆人民的生活造成了一定的影响。汉武帝大力推行军事扩张和中央集权，这样的政策需要大量的人力和财力。为了维持长期的战争和建设，百姓承受了沉重的税赋和徭役。尤其在边疆地区，由于需要维护边防和进行军事活动，当地居民常被征召入伍，家庭和生计受到严重影响。这种“以百姓为刍狗”的态度，反映了他在追求统一和稳定时，却也有所牺牲。

其次，汉武帝在统治时也展示了“天地之间，其犹橐籥乎？虚而不屈，动而愈出”的观点。他的政治改革和军事扩张，虽然带来了一定的社会动荡，但最终也实现了西汉王朝的统一和强大。政治改革方面，汉武帝通过推行“推恩令”以及封建制度的改革，弱化了诸侯的权力，加强了中央集权。军事扩张方面，汉武帝成功击败了匈奴，扩张到了中亚和朝鲜半岛，这样不仅增加了国家的领土面积，也为丝绸之路的开放提供了安全保障。通过这些手段，汉武帝成功地强化了国家的统治能力和国际影响力。

最后，“多言数穷，不如守中”。汉武帝虽然崇尚儒学，但他也懂得在适当的时候吸取儒、法、道等不同学说的精髓，以实现最佳的统治效果。尽管汉武帝推崇儒学，并将其设置为国家教育和考试的基础，但他在实际统治中也采纳了法家和道家的某些观点。例如，在军事扩张和法律制度方面，他借鉴了法家的严格性和高效性；在处理与诸侯和民众的关系时，他则表现出道家的柔和与包容。这种综合性的方法使他能够更加灵活和全面地应对各种治理挑战，从而实现了相对稳定和繁荣的统治。

总结：《道德经》第五章从哲学角度阐述了宇宙的客观中立性、圣人的公正治理以及行动的重要性和中庸之道。这些思想在现实生活中具有普遍的指导意义，无论是在国家治理、企业管理，还是个人成长方面，都能为之提供重要而宝贵的启示。

第六章

谷神不死，是谓玄牝【pìn】。玄牝之门，是谓天地根。绵绵若存，用之不勤。

《道德经》第六章提出了“玄牝”这种无形的生命力对于生命的重要意义，它体现了阴阳之道的平衡，连接着天地万物，为生命提供了无尽的能量。我们从哲学角度出发，结合现实案例来说明其中的道理。

首先，老子提道：“谷神不死，是谓玄牝”，这里的“谷神”指的是生命之源，也就是生生不息、充满生机的能量。而“玄牝”则代表了这种生命力的阴柔和包容之道，它是一种玄妙的、无形的力量。通过这句话，老子表达了生命力之源是无穷无尽的，并强调了阴柔的力量在维系生命中的重要作用。

我们可以从生态系统中找到这种生命力的体现。在自然界中，生物通过相互依赖和共生，来共同维持生态平衡，形成一个生生不息、充满生机的生态系统。这种生态平衡正是阴阳之道的体现，说明了生命力的无穷和玄妙。

其次，老子提道：“玄牝之门，是谓天地根”，这句话揭示了“玄牝”这种生命力的无形属性，它像一扇通往生命本源的门。这扇门将天地联系在一起，成为生命力的根本。老子在此强调了这种无形力量在维系万物生命之间的重要地位。从人类社会的角度来看，阴柔的力量在维系社会关系和谐中发挥着重要作用。比如，在家庭生活中，母爱的包容和关怀成为孩子成长的基石，为家庭营造了和谐的氛围。这种阴柔的力量如同天地之根，为生命的成长提供了稳定的基础。

最后，老子提道：“绵绵若存，用之不勤”，这句话告诉我们，在运用这种玄妙的生命力时，我们应当遵循自然之道，充满敬畏之心。这种力量虽然无形，但它却能源源不断地滋养着万物，给予生命无尽的活力。因此，在运用这种生命力时，我们应该保持谦卑和敬畏的态度，遵循自然的规律，而非强求或操控。

在现代科学技术发展中，人类在探索和利用自然资源的过程中，往往容易忽视这种生命力的无形属性和自然规律。比如，过度开发和滥用资源导致了生态失衡，甚至引发了一系列环境问题。因此，我们在利用这种生命力时，应当遵循自然规律，尊重生命，尊重自然，实现可持续发展。

总结：通过对《道德经》第六章的解读，我们可以认识到“玄牝”这种无形的生命力对于生命的重要意义。它体现了阴阳之道的平衡，连接着天地万物，为生命提供了无尽的能量。在现实生活中，我们应当学会敬畏这种力量，遵循自然规律，尊重生命的成长，从而实现个人和社会的和谐发展。

第七章

天长地久。天地所以能长且久者，以其不自生，故能长生。是以圣人后其身而身先，外其身而身存。非以其无私邪？故能成其私。

在这一章中，老子强调了自我克制和长久之道，天地的长久特性和圣人的无私品质都表现了道的永恒性和生命力。接下来，我们将从哲学角度解读这一章，并通过现实案例加以说明。

首先，老子提道："天长地久"，在这里，他以天地作为长久的象征，强调道的永恒性。在道家哲学中，道是宇宙万物的本源，它始终存在，不会消失，具有永恒的特性。

从宇宙的角度来看，宇宙自诞生以来已经过去了约138亿年，而地球也有约45亿年的历史。这些巨大的时间跨度都证明了天地的长久特性，道的永恒性质在宇宙和地球的存在中得到了体现。

其次，老子提道："天地所以能长且久者，以其不自生，故能长生"，他认为天地之所以能够长久，是因为它们不是自私地追求自身的利益，而是为万物提供生存与繁衍的条件。正因为天地无私，才能拥有长久的生命力。

在现实的自然环境中，我们可以看到天地为万物提供了生存的空间和资源。动植物依赖这些资源生长和繁衍，形成了一个和谐的生态平衡系统。这种和谐的生态系统正是天地无私奉献的结果。

再次，老子提道："是以圣人后其身而身先，外其身而身存"，这里的"圣人"指的是具有高尚品质和伟大智慧的领导者。老子认为，圣人之所以能够成功，是因为他们懂得自我克制，将自身的利益置于他人之后。这种无私的品质使得圣人在为他人谋求福祉的过程中，自己也得到了长久的生命力。

以南非前总统纳尔逊·曼德拉为例，他为反对种族隔离制度付出了巨大的努力和牺牲。在长达 27 年的监禁中，曼德拉始终坚定信念，将民族的解放和国家的利益置于个人的利益之上。在他的领导下，南非最终废除了种族隔离制度，实现了民族和解。曼德拉的无私奉献赢得了世界的尊敬，使他成为一位具有长久影响力的伟大领导者。

最后，老子问道："非以其无私耶？故能成其私。"他认为，正是因为圣人无私奉献，才能够实现自身的价值。当一个人将自己的利益置于他人之后，关注他人的需求和福祉时，他往往能够在无意中实现自己的价值和取得成功。

在现代社会中，许多慈善家和志愿者都能够表现出这种无私奉献的精神。他们关注社会弱势群体的需求，为其提供帮助和支持，以改善其生活。在帮助他人的过程中，这些慈善家和志愿者也收获了成就感和内心的满足，实现了自身的价值。

总结：本章通过深入分析老子的思想，揭示了自我约束和无偿贡献对于理解道的永恒和活力的核心地位。天地的持久属性和圣人的高尚品质均是道的永久和活力的展现，在现实生活中应当学会如圣人般无私奉献，关注他人的需求和福祉，以实现自己的价值。通过自我克制和无私奉献，我们才能真正领悟道的智慧，走向长久不衰。

第八章

上善若水。水善利万物而不争，处众人之所恶，故几于道。居善地，心善渊，与善仁，言善信，正善治，事善能，动善时。夫唯不争，故无尤。

《道德经》第八章，老子提出了“上善若水”以及“水之七善”的哲学概念，并指出了“不争故无尤”之道。下面我们从哲学角度出发，结合现实案例来说明其中的道理。

首先，老子提道：“上善若水。水善利万物而不争，处众人之所恶，故几于道。”老子将水比作最高尚的品德。水是生命之源，能够滋养万物，但从不与万物争斗。水总是流向最低的地方，去往人们不愿去的地方。水的特性表现出无私、柔顺、包容的品质，正是道家所推崇的道。

在现实生活中，我们可以从人与人之间的关系中找到这一道理的体现。善良、宽容的人，往往能够与他人和谐相处，为他人带来温暖和力量，而不与他人争斗。这种无为而善的品质，正是“上善若水”的精神在现实生活中的体现。

其次，老子以“水之七善”分别阐述了道在不同方面的表现。“居善地”，意味着选择适宜的居住环境，与大自然和谐共生；“心善渊”，强调心胸的深邃与宽广，能够包容众生；“与善仁”，指的是携带仁爱之心，待人以诚；“言善信”，强调诚实守信；“正善治”，提倡治理国家时要公正无私；“事善能”，强调在处理事务时要有能力和智慧；“动善时”，要求行动要善于把握时机。

最后，老子总结说：“夫唯不争，故无尤。”这句话强调了“不争”的重要性。在道家哲学中，“不争”是一种无为而治的智慧。只有当我们能够放下争斗、放下私欲，才能够真正地实现内心的和谐与安宁。这里的“无尤”意味着无过失、无指责。当我们遵循道家的不争之道，我们的生活将更加美好、和谐。

在现代社会中，我们可以从冲突调解的案例中看到不争之道的智慧。在解决家庭、社区或国家间的冲突时，调解者通常采用非对抗性的方法，倡导双方放下利益诉求，寻求共同利益，以达成和解。这种以不争之道解决冲突的方法，有助于促进人际关系的和谐，维护国家及国际社会的稳定。

让我们通过探讨科学家阿尔伯特·爱因斯坦的事迹来深入分析和解读《道德经》第八章的内容。

首先，爱因斯坦以其开创性的科学成就展现了顺应自然和探索真理的精神。在他的相对论中，他以一种前所未有的方式理解了时空，将自然界的定律诠释为一种和谐的整体。这种探索自然的能力与水的特性相似，也符合道家哲学水的“居善地，心善渊，言善信，事善能”原则。

其次，爱因斯坦以其卓越的智慧和勇气，在两次世界大战和冷战期间维护和平，反对战争。他把握了时代的大局，扮演了科学家和和平倡导者的双重角色。这种把握时机的能力与《道德经》第八章中提到的“动善时”相符，体现了道家哲学在现实生活中的应用。

再次，爱因斯坦倡导人类普遍价值，强调人类互相理解和合作，这与水滋养万物的特点相契合。他倡导国际合作，促进国家之间的文化交流，以期构建和平世界。这种强调人类一体的精神，正是向水学习的最好实践。

然后，爱因斯坦在学术和人际交往方面也表现出水的流动性和包容性。他不仅在科学研究中展示了创新精神，还在人际交往中表现出包容和尊重多元观点的品质。这种以人为本的学术态度与老子提倡的“正善治”相契合。

最后，爱因斯坦在与人相处方面，表现出善良、仁爱的品质。他关心年轻科学家，致力于教育和人权事业，以实际行动促进人类福祉。这种为人处世的方式与《道德经》第八章中提到的“与善仁”相符，体现了道家哲学的精神。

总结：通过对《道德经》第八章的解读，我们可以认识到水的智慧以及道家思想在不同方面的应用。水具有无私、柔顺、包容的特质，正是道家所推崇的道。在现实生活中，我们应当学会从水的智慧中汲取启示，追求不争之道，调整自己的心态，处理人际关系，解决各种问题，为自己创造一个美好的未来。

第九章

持而盈之，不如其已；揣而锐之，不可常保。金玉满堂，莫之能守。富贵而骄，自遗其咎【jiù】。功遂身退，天之道。

本文对《道德经》第九章进行解读，将从哲学角度出发，结合现实案例来阐释其中的道理。

首先，老子提道："持而盈之，不如其已；揣而锐之，不可常保。"在这里，他强调了知足与自制的重要性。过度追求财富和权力，则会导致失去已得到的一切，而适度的追求才能够持久。同样地，锐意进取是好的，但过分知进而不知退则容易损害自己，导致不能长久。

在商业领域中，有的企业因为贪图行业第一过度扩张而导致失败。有的企业因一味贪婪地追求利润，而忽视产品质量和客户需求，则最终会失去市场份额，甚至破产。只有知足与自制，适度地发展，才能够在市场中长久立足。

其次，老子提道："金玉满堂，莫之能守。富贵而骄，自遗其咎。"在这里，他强调了财富和地位带来的危险。当人们拥有大量财富和至高权力时，容易变得骄傲自大，忘记初心，最终导致自己的失败。

在历史上，有许多统治者因为骄傲自大而导致国家的灭亡。比如拿破仑，他在统一欧洲的过程中，过于骄傲，以至于在进攻俄罗斯时失去了理智，导致大军覆灭，最终自己被流放到圣赫勒拿岛。

最后，老子提道："功遂身退，天之道。"这句话意味着，在事业取得成功后，能够适时地退一步，是符合自然之道的。这种行为不仅能够避免过度的骄傲和贪婪，还能够为自己留下余地，以便在未来有更好的发展。

现实中，比尔·盖茨，微软公司的创始人之一，是一个典型的例子。在微软公司取得巨大成功后，他逐渐从公司的日常运营中退了出来，专注于慈善事业，创立了比尔及梅琳达·盖茨基金会。通过这种功遂身退的做法，盖茨不仅确保了微软公司的持续发展，还为自己和他人创造了更多的社会价值，受到人们的尊重。

总结：通过对《道德经》第九章的解读，我们可以深刻理解知足与自制的智慧。老子强调了适度追求财富和权力的重要性，以及在成功后适时地退一步，以符合自然之道。在现实生活中，我们应当学会知足与自制，避免过度的骄傲和贪婪，以确保我们的长久发展。同时，我们还要学会在事业成功后适时地退一步，为自己留有余地，以便在未来有更好的发展。

第十章

载营魄抱一，能无离乎？专气致柔，能婴儿乎？涤除玄览，能无疵【cī】乎？爱民治国，能无为乎？天门开阖【hé】，能为雌乎？明白四达，能无知乎？生之畜【xù】之，生而不有，为而不恃【shì】，长而不宰，是谓玄德。

《道德经》第十章提出了内外兼修的道之精神，阐述了对自我和外界的理解、接受与平衡，强调了内心的平静与柔软、对外界的谦卑与无为，以及对事物自然发展规律的尊重。以下从哲学角度出发，结合现实案例来阐释其中的道理。

首先，老子提道："载营魄抱一，能无离乎？"在这里，老子强调了内外兼修的重要性。一个人应当在修养自身的精神内核的同时，也要关注与外部世界的联系，达到内外和谐的境界。

在现实生活中，一个成功的企业家既要具备坚定的信念和强大的内心，也要懂得与他人沟通、合作，以便更好地推动企业的发展。例如，雷军在创立小米公司时，既具备强烈的创新精神和坚定的信念，也懂得与团队成员、合作伙伴沟通，使得小米公司成为全球著名的科技巨头。

其次，老子提道："专气致柔，能婴儿乎？"在这里，老子强调了柔和、顺从的品质。一个人应当学会，在面对困难和压力时保持柔和的心态，以适应不断变化的环境。

许多成功的领导者都具备这种柔和的品质。他们在面对困难和挑战时，不会盲目强硬，而是采取灵活、包容的策略，以便更好地解决问题。例如，三国时期的诸葛亮在稳定蜀汉政权并策划北伐的过程中，展现出极大的智谋与包容精神。他的柔和策略不仅使得蜀汉在战乱时期保持稳定，还在许多战役中取得了胜利。这样的领导智慧，使得诸葛亮成为中国历史上伟大的政治家、军事家之一。

再次，老子提道："涤除玄览，能无疵乎？"在这里，老子强调了去除虚浮、专注于本质的重要。一个人应当摒弃表面的虚浮和烦琐，专注于内心的真实和本质，从而达到更高的精神境界。

在科学研究中，一位优秀的科学家需要具备这种去伪存真的能力。例如，爱因斯坦在提出相对论时，排除了许多过去错误的观点和外界同行的质疑干扰，专注于对时间和空间的本质研究，最终得出了颠覆性的科学理论。

然后，老子提道："爱民治国，能无为乎？"在这里，老子强调了无为而治的政治理念。一个明智的领导者应当在治理国家时，尊重民众的自主性和自由，给予他们足够的空间，从而实现和谐共生。

在丹麦等北欧国家，政府实行高度民主制度，充分尊重民众的权益，给予他们充分的自由和权利。这种无为而治的政治理念使得这些国家成为全球幸福指数很高的国家。

最后，老子提道："生之畜之，生而不有，为而不恃，长而不宰，是谓玄德。"在这里，老子总结了道的精神。一个人应当在生活中展现出无私、无我、无欲的品质，这才体现了道的真谛。

在社会慈善事业中，许多无名者的捐赠正是道的体现。他们默默奉献，关爱他人，无偿捐助，从不追求名利和回报。这种无私、无我、无欲的品质使得他们成为社会和谐与进步的推动者，同时他们也获得了社会的尊敬。

总结：通过对《道德经》第十章的解读，我们可以深刻理解到内外兼修的道之精神的重要性，阐述了对自我和外界的理解、接受与平衡，强调了内心的和谐与柔软、对外界的谦卑与无为，以及对事物自然发展规律的尊重。

第十一章

三十辐共一毂【gǔ】，当其无，有车之用；埏【shān】埴以为器，当其无，有器之用；凿户牖【yǒu】以为室，当其无，有室之用。故有之以为利，无之以为用。

《道德经》第十一章指出了实与虚相辅相成的重要哲学概念。下面，我们从哲学角度出发，结合现实案例来阐释其中的道理。

首先，老子通过“三十辐共一毂，当其无，有车之用”的举例说明，强调了实与虚相辅相成的重要性。这里的“无”指的是车轮中空的部分，正是因为有这个空间，车轮才能发挥作用。老子告诉我们，实与虚相互依存，不可或缺。

在建筑设计中，实与虚的关系得到了充分体现。一座建筑不仅要有坚固的实体结构，还需要有空间、通道等空虚部分，这样才能满足人们的生活需求。例如，在现代城市规划中，绿地、公园等开放空间被视为“城市之肺”，它们为居民提供了休闲、运动等场所，使城市变得更加宜居。

其次，老子提道：“埏埴以为器，当其无，有器之用”在这里，老子也强调了实与虚相互依存的道理。器皿之所以有用，是因为它的中空部分能容纳物品。这也说明了虚无并非无用，反而是实现实用功能的关键。

在艺术创作中，实与虚的关系同样显得尤为重要。一幅优秀的画作不仅要有精美的线条和色彩，还需要有适当的留白，从而突出主题、营造氛围。例如，中国画中的留白技巧，恰到好处地运用虚与实的关系，使画面更具生动性和表现力。

最后，老子通过"凿户牖以为室，当其无，有室之用"的例子，再次强调了实与虚相辅相成的重要性。房屋之所以能成为遮蔽风雨、供人居住的地方，正是因为它具有空的内部空间。这表明实与虚是相互依存、互为表里的。

在企业管理中，实与虚的关系也具有重要指导意义。一家成功的企业不仅需要有扎实的业务基础，还要有灵活的管理策略。例如，在领导团队建设上，公司应注重员工的培训和成长，同时给予他们足够的自主权和创新空间。这样的管理模式既有实体基础给予操作者，又充分发挥了操作者具有创造无限空间的潜力，有助于企业的持续发展。

总结：《道德经》第十一章以实与虚为主题，阐述了其相辅相成的道理。实与虚相互依存，共同构成了万物的基本属性。在现实生活中，我们应当正确认识和运用实与虚的关系，从而在个人成长、社会发展等方面取得更好的成果。同时，我们在生活中要"看到"看不见的部分，珍视实与虚的平衡，这样才能充分发挥我们的潜力，为构建美好世界贡献力量。

第十二章

五色令人目盲，五音令人耳聋，五味令人口爽，驰骋畋【tián】猎令人心发狂，难得之货令人行妨。是以圣人为腹不为目，故去彼取此。

《道德经》第十二章提出了超脱“五色”“五音”“五味”的人生境界的主张。下面，我们从哲学角度出发，结合现实案例来阐释其中的道理。

首先，老子提道：“五色令人目盲，五音令人耳聋，五味令人口爽。”在这里，老子通过“五色”“五音”“五味”的比喻强调了过分追求感官刺激会导致人心的迷失。当我们沉迷于色、声、味等物质享受时，容易忽略内心的需求，导致心灵的空虚和迷失。在现代社会，许多人过于追求物质生活，如名牌服饰、豪华汽车、美食佳肴等。但这些物质享受并不能带来内心的满足，反而容易让人陷入贪婪、虚荣的旋涡。只有超脱对“五色”“五音”“五味”的执着，我们才能找回内心的平静，过上真正幸福的生活。

其次，老子提道：“驰骋畋猎令人心发狂，难得之货令人行妨”在这里，老子再次强调了过度追求物质享受和名利地位会导致人心的扭曲。当我们沉迷于权力、金钱等追求时，容易走上错误的道路，影响道德行为。

在现代企业管理中，有些企业为了追求利润和市场份额，不择手段地进行不正当竞争，如虚假宣传、价格操纵、奢华包装等。这些行为不仅损害了企业的声誉，也影响了行业的发展。典型案例就是，某些科技公司因过度追求创新和市场份额，导致对他人知识产权的侵犯或不合理的竞争行为。这样的追求虽然可能在短期内带来利润增长，但从长远来看，却损害了企业的可持续发展和行业的健康竞争环境。所以，企业只有回归道德原则，才能真正实现可持续发展。

最后，老子总结说："是以圣人为腹不为目，故去彼取此。"在这里，老子表达了圣人超脱物质追求，关注内心修养的人生境界。圣人把精力放在提升自己的道德品质和智慧上，而不是追求外在的物质享受和名利地位。通过内心的修炼，圣人达到了心灵的平和与宁静。

在现代社会，许多成功人士在经历了物质财富的追求后，逐渐认识到内心修养的重要性。他们开始关注精神生活，如学习哲学、艺术等，或者投身于慈善事业，帮助弱势群体。这些行为使他们的内心得到了滋养，过上了更加充实和幸福的生活。

总结：通过对《道德经》第十二章的解读，我们可以深刻理解到超脱"五色""五音""五味"的人生境界对于个人成长、社会发展等方面都具有重要的指导意义。在现实生活中，我们应当努力学习和实践圣人的精神境界，以实现内心的宁静与和谐，过上真正幸福的生活。

第十三章

宠辱若惊，贵大患若身。何谓“宠辱若惊”？宠为上，辱为下，得之若惊，失之若惊，是谓宠辱若惊。何谓“贵大患若身”？吾所以有大患者，为吾有身，及吾无身，吾有何患？故贵以身为天下，若可寄天下；爱以身为天下，若可托天下。

《道德经》第十三章提出了人们在面对荣誉与屈辱时的正确心态是保持平静与从容，才符合道。下面，从哲学角度出发，结合现实案例来阐释其中的道理。

首先，“宠辱若惊，贵大患若身”表达了在面对荣誉和贬损时，人们应保持平和的心态，不要过于在意。

其次，“宠为上，辱为下，得之若惊，失之若惊，是谓宠辱若惊”告诉我们，无论是得到荣誉还是失去荣誉，都应该保持冷静和谦逊的心态，不要被宠辱所左右。荣誉和贬损都是外在的评价，我们在得到荣誉时应保持谦逊，不应如同受到惊吓一般。同样地，在失去荣誉时，也应以平和的心态对待，不要因为失去荣誉而感到惊慌。这种对待荣誉和贬损的态度，被称为“宠辱若惊”。这里所强调的是，我们应该保持内心的平和与稳定，不受外界评价的影响，从而能够更好地专注于自己的修行和成长。

再次，“何谓‘贵大患若身’？吾所以有大患者，为吾有身，及吾无身，吾有何患？”这里提到，当我们把自己的身体看作最宝贵的东西时，会因此产生许多祸患。然而，当我们放下对自己身体的执着，就不会受到祸患的困扰。

最后，“故贵以身为天下，若可寄天下；爱以身为天下，若可托天下”强调了我们应该用全身心去关爱天下，为众人谋求福祉，将自己的一切献给大众。这种无私的奉献精神是道家哲学所提倡的理念。

曹操是中国古代的杰出政治家、军事家，他的一生都在践行《道德经》第十三章的哲学思想。在战乱的时代，曹操以杰出的政治智慧和军事才能，始终保持冷静、平和的心态，不受荣誉和贬损的影响。

在东汉时期，曹操通过智谋和勇气，平定了多次战乱，统一了北方。虽然他在权力斗争中取得了许多荣誉，但他始终保持谦逊和冷静，没有因为这些荣誉而自大或失去理智。这正是对“宠辱若惊”原则的生动体现。

总结：《道德经》第十三章教导我们在面对荣誉与贬损时，应保持平和的心态，不要被宠辱所左右。同时，我们应该放下对自己身体的执着，从而不会受到祸患的困扰。最后，通过无私地关爱天下，为众人谋求福祉，我们可以遵循道家哲学所提倡的奉献理念，实现个人的进步与社会的发展。

第十四章

视之不见名曰夷，听之不闻名曰希，搏之不得名曰微。此三者不可致诘【jié】，故混而为一。其上不皦【jiǎo】，其下不昧，绳绳不可名，复归于无物。是谓无状之状，无物之象，是谓惚恍。迎之不见其首，随之不见其后。执古之道，以御今之有，能知古始。是谓道纪。

《道德经》第十四章揭示了“道”的神秘特性，强调了古代智慧在生活中的重要性。下面，我们探讨其中所蕴含的道理。

首先，老子通过形象的比喻，描述了“道”的神秘特性。他说“道”无形、无声、无质，无法用肉眼看见、耳朵听闻或用手触摸。这三种特性无法具体化，因此它们混合在一起，形成了一种无形无象的存在。

科学家在探索宇宙的奥秘时，也发现了许多无法解释的现象。例如，暗物质和暗能量无法直接观测，但它们对宇宙的运行产生重要影响。这种难以捉摸的现象，正如老子所描述的“道”的特性。

其次，老子指出，“道”具有无形的形态、无物的象，这是一种模糊而神秘的存在。追寻“道”是一个不断探索的过程，我们既看不见它的开始，也看不见它的结束。正是因为“道”的神秘和难以捉摸，它成了古今哲学家探讨的永恒话题。

在哲学领域，无论是东方的道家、佛家，还是西方的哲学家，都在探寻生命和宇宙的奥秘。虽然他们的观点和方法不同，但他们共同关注的焦点都是如何理解和领悟这种难以捉摸的“道”。

最后，老子强调：“执古之道，以御今之有，能知古始。是谓道纪。”他认为，要想理解和驾驭现实世界，我们需要紧紧抓住古代智慧的线索。了解古代的智慧，就是领悟到“道”的规律。只有深入挖掘古代文化的智慧，我们才能更好地应对现实生活中的挑战。

在许多领域，古代智慧依然具有重要指导价值。例如，在现代中医学中，中医医生通过阴阳五行的理论来探讨人体的生理机能和疾病的发生。这种古代的智慧，为现代中医学的科技化深入研究提供了宝贵的启示。又如，孔子的仁爱、礼义等道德观念，至今仍是东方文化的精神支柱，引导着人们日常行为的准则。

总结：《道德经》第十四章为我们揭示了“道”的神秘特性，强调了古代智慧在现实生活中的重要性。在探寻道的过程中，我们需要不断追溯古代的智慧，学会运用这些智慧来应对现实生活中的各种挑战。同时，我们应该将古代智慧与现代科学相结合，共同推动人类文明的进步。

第十五章

古之善为士者，微妙玄通，深不可识。夫唯不可识，故强为之容：豫焉，若冬涉川；犹兮，若畏四邻；俨【yǎn】兮，其若客；涣兮，若冰之将释；敦兮，其若朴；旷兮，其若谷；混兮，其若浊。孰能浊以止？静之徐清；孰能安以久？动之徐生。保此道者不欲盈。夫唯不盈，故能蔽不新成。

《道德经》第十五章揭示了古代得“道”之人具有的卓越的智慧和道德修养，他们的内心充满谦虚、谨慎、宽容等美好品质，符合“道”。下面，我们探讨其中所涉及的道理，并结合现实案例进行说明。

首先，老子描述了古代圣人的特质，他们“微妙玄通，深不可识”。正是这些品质，使得古代圣人的智慧难以被凡人所理解。

在历史上，有许多杰出的哲学家，如苏格拉底、庄子等，他们的思想和品质给后世留下了宝贵的精神财富。这些人物正是古代圣人的代表，他们的智慧和道德品质为我们所敬仰。

其次，老子通过一系列的比喻来描述古代圣人的品质。这些比喻包括“若冬涉川”（谨慎）、“若畏四邻”（对四周环境的敬畏和小心翼翼的态度）、“若容”（贤士内心的宽广和从容不迫的特质）、“若冰之将释”（柔和）、“若朴”（质朴）、“若谷”（博大）、“若浊”（保持平静和谦逊）。这些形象的比喻使我们更加深刻地理解古代圣人的品质。

在现代社会中，我们同样可以找到具有类似品质的人物，如特雷莎修女等。他们以博爱、谦逊和智慧为人们树立了榜样，成为道德品质的代表。他们的行为和思想为我们提供了很多启示和教导，有助于我们在道德修养方面得到提升。

老子接着提出一个问题：“孰能浊以止？静之徐清；孰能安以久？动之徐生。”这个问题实际上是在询问如何从混沌中找到清净，如何在宁静中实现生长。这意味着我们应该学会在复杂的现实生活中保持清净的心境，在内心的平静中找到生命的成长动力。

在现代社会中，人们面临着各种压力和诱惑。学会保持内心的平静和清净，能够帮助我们在逆境中坚守道德底线，取得个人成长。例如，当我们面临困难时，保持冷静和理智的态度，能够帮助我们更好地应对问题，实现自己的目标。

最后，老子告诫我们：“保此道者不欲盈。夫唯不盈，故能蔽不新成。”这里的“盈”指的是过于自负和贪婪。老子强调，要遵循古代圣人的道德品质，就要摒弃自负和贪婪，以谦虚、宽容和敬畏的态度面对世界。只有这样，我们才能不断地成长和进步。

在职场中，一个优秀的领导者需要具备谦逊、宽容和敬畏的品质。他不应该因为个人的成就而自负，而是应该时刻保持谦逊和敬畏的态度，以此鞭策自己不断成长。这样的领导者更容易赢得团队成员的信任和支持，实现团队的目标。

总结：通过对《道德经》第十五章的解读，我们可以领悟古代圣人的智慧和道德品质。在现实生活中，我们应当学会在复杂的现实生活中保持清净的心境，在内心的平静中找到生命的成长动力。同时，我们还应该摒弃自负和贪婪，遵循古代圣人的道德品质，以谦虚、宽容和敬畏的态度面对世界。这样，我们才能不断地成长和进步，实现个人与社会的和谐发展。

第十六章

致虚极，守静笃【dǔ】。万物并作，吾以观复。夫物芸芸，各复归其根。归根曰静，是谓复命，复命曰常，知常曰明。不知常，妄作，凶。知常容，容乃公，公乃王，王乃天，天乃道，道乃久，没身不殆【dài】。

《道德经》第十六章提出了回归自然、顺应天道的重要性。下面，我们从哲学角度进行解读并结合现实案例来阐述其哲学内涵。

首先，老子提出了“致虚极，守静笃”的观念。在这里，“虚”指的是心灵的空寂，“守静笃”则是对心灵状态的描述。在这种心境下，人能够保持清晰的观察能力，从而洞察万物的变化。这种心态也可以理解为回归自然，顺应天道，以达到内心的平静。

在快节奏的现代生活中，人们面对各种压力容易陷入焦虑。学会调整自己的心态，抽离纷扰，回归内心的平静，才能更好地面对生活中的挑战。例如，很多人通过冥想、瑜伽等方式来放松心灵，让自己的内心保持宁静。

其次，老子观察万物的变化，指出万物各自归于其根。在这里，“归根”意味着万物最终回归自然界的本源。当万物回归其根时，便能达到静止的状态。这种静止的状态被称为“复命”，即生命的延续。这里，老子传达了一种“守本、守道”的理念，倡导人们回归自然，顺应天道。

再次，老子提道：“知常曰明”，指出了认识事物发展规律、顺应自然变化的重要性。只有理解万物的规律，顺应自然的变化，才能避免盲目行事，造成不良后果。

在企业管理中，只有领导者深刻了解行业发展趋势，把握市场变化，才能制订出正确的战略决策，引领企业不断发展。比如，王传福对市场的深刻理解和敏锐洞察力，正是体现了《道德经》中“知常曰明”的理念。在汽车产业竞争日益激烈的环境中，他看到了电动汽车作为未来发展趋势的可能性。这正如老子所说的“致虚极，守静笃”，即保持心灵的宁静和清晰的观察力，能够洞察万物的变化。

在适应市场变化方面，王传福敏锐地捕捉到了全球环境保护趋势和油价上涨带来的新机遇。他及时调整战略，公司迅速转型，成为电动汽车的先驱。这种对市场趋势的精准把握和顺势而为的决策体现了老子所说的“归根曰静，是谓复命”。

在创新与坚持上，比亚迪在电动汽车领域的突破并非一蹴而就，它需要不断的创新和坚持。王传福通过不断研发和改进产品，成功让比亚迪成为电动汽车领域的佼佼者。这与“知常容，容乃公，公乃王，王乃天，天乃道，道乃久，没身不殆”相呼应，强调了对道德和自然规律的了解和遵循，以实现长久的成功和安全。

最后在社会责任与可持续发展中，王传福还强调了企业的社会责任和可持续发展战略，积极推动电动汽车的普及，促进了环境保护。这种对自然和社会的敬畏和责任心体现了“知常”的重要性，进一步印证了老子的智慧。

最后，老子进一步强调了“知常”的重要性，指出知常者具有容忍、公正、王者之风、天道的品质。这里的“知常”意味着了解并顺应事物的自然规律和常态。知常者以宽容的心态理解和接纳不同的观点和现象，公正地对待事物，不受个人偏见和私欲的干扰。他们展现出王者的风范，具有卓越的领导品质和长远的眼光，同时体现了与天道一致的崇高精神品质。通过深入理解和遵循自然和社会的常态和规律，人们可以培育出有助于个人成长和社会进步的积极品质，最终能够长久安身。反之，不知常的人则容易做出错误决策，给自己和社会带来危害。

在国际政治舞台上，那些能够洞察时局变化，把握国际政治经济规律的领导人，往往能够为国家带来长久的繁荣和安定。而那些盲目行事，不顾事实规律的领导人，则可能会给国家带来灾难。这也证明了老子所说的“知常”的重要性。

总结：通过对《道德经》第十六章的解读，我们可以深刻领悟到回归自然、顺应天道的重要性。在现实生活中，我们应该学会调整自己的心态，保持内心的平静，同时洞察事物发展规律，顺应自然变化，这样才能在复杂多变的世界中立于不败之地。

第十七章

太上，不知有之；其次，亲而誉之；其次，畏之；其次，侮之。信不足焉，有不信焉。悠兮，其贵言。功成事遂，百姓皆谓“我自然”。

《道德经》第十七章倡导了“无为而治”的领导哲学。下面，我们从哲学角度探讨其中所蕴含的道理，并结合现实案例进行说明。

首先，老子描述了四种不同类型的领导者。其一，最高级别的领导者，民众甚至不知道他们存在，但他们却能有效地管理国家；其二，民众亲近并称赞的领导者；其三，民众害怕的领导者；其四，民众蔑视的领导者。这表明一个伟大的领导者应该具有“无为而治”的品质，即通过温和、不显眼的方式来治理国家。

古希腊的哲学家苏格拉底是一个典型的“无为而治”的领导者。他不通过权威或者强制来教授知识，而是采用了一种独特的提问方式。通过一系列精心设计的问题，他引导学生自己探索和发现知识，提高了他们的思考能力和判断能力，使得学生能够在自我探索中找到真理。

其次，老子提道：“信不足焉，有不信焉。”这意味着一个伟大的领导者应该对自己的信任有所保留，对民众的信任也要有所节制。在这里的解释中，信任被描述为一种有限的资源，伟大的领导者应该对自己和民众的信任有所保留。这体现了一种节制和审慎的态度，强调不要轻易地完全信任或依赖他人，也不要期待别人完全信任自己，通过保持一定的距离和神秘感，领导者可以在必要时展现威信，使民众产生敬畏之心。

美国总统林肯在南北战争期间，虽然面临难境，但他始终保持着冷静和信心。他没有过度地宣扬自己，也没有过分依赖民众的支持，而是通过自己的智慧和决断，最终赢得了南北战争的胜利。

最后，老子提道："悠兮，其贵言。功成事遂，百姓皆谓我自然。"这句话强调了"无为而治"的伟大领导者，他们的言行不张扬，却能够让民众自然地接受他们的领导。这样的领导者，他们的成就和功绩不是靠自吹自擂来体现，而是让民众自发地认识到并赞赏他们所取得的成就。当事情顺利进行，国家繁荣昌盛时，民众会认为这是自然而然的结果，而不会过分地把功劳归于领导者。

三国时期的蜀汉丞相诸葛亮是一位典型的"无为而治"的领导者。他通过明智的治理和卓越的战略眼光，使蜀汉国力得到增强，百姓安居乐业。诸葛亮深知权衡之道，他居高位时并没有过多地强调自己的功绩和地位，反而以身作则，勤勉谦逊，让人们自然地认识到稳健治国和明智用兵的重要性。他的"隆中对"的智谋和"七擒孟获"的宽厚，都展示了他以无为的态度治理国家，使他成为中国历史上一位伟大的受人尊敬的领导者。

总结：通过对《道德经》第十七章的解读，我们可以领悟到老子倡导的“无为而治”的领导哲学。我们可以从历史和现实中的伟大领导者身上，学习这种“无为而治”的领导风格，以便更好地履行领导职责。

第十八章

大道废，有仁义；智慧出，有大伪。六亲不和，有孝慈；国家昏乱，有忠臣。

《道德经》第十八章以辩证手法阐述了大道兴亡与社会制度及仁义道德价值观等的辩证关系。下面，我们结合现实案例进行解读。

首先，老子指出："大道废，有仁义。"这句话意味着，在道德沦丧的时代，人们开始强调仁义的重要性。当道德的根基被削弱，人们不再遵循自然道德法则时，仁义这种人为的道德规范才会出现。这是一种对道德沦丧的修补，但也暗示了人类已经偏离了道的本质。

在历史上，许多思想文明在道德沦丧的时期都出现了对仁义的强调。例如，战国时期的诸子百家，提倡仁义道德，试图在纷乱的时代寻找道德的基础。

其次，老子提道："智慧出，有大伪。"这句话告诉我们，在道德沦丧的时代，聪明才智反而可能导致更大的虚伪。人们利用智慧来掩盖自己的道德败坏，这种虚伪的表现是社会道德沦丧的表征。

在现代社会，有些人利用聪明才智制造谣言、欺诈他人，甚至违反法律和政策。这些行为都是道德沦丧的表现。

再次，老子说：“六亲不和，有孝慈。”在这里，老子指出当人们的道德水平下降，亲情关系破裂时，孝顺和慈爱这样的道德准则才会被强调。然而，这也是一种对道德沦丧的抵制，试图恢复道德的正常秩序。

在现实生活中，随着社会的快速发展，许多家庭面临着亲情疏离的问题。为了弥补这种亲情的缺失，许多国家和社会组织都在倡导孝顺、慈爱的价值观，试图将人们带回到道德的正轨。

最后，老子提道：“国家昏乱，有忠臣。”这句话意味着，在国家混乱的时期，人们开始强调忠诚的重要性。这种强调也是对道德沦丧的一种抵制，忠诚是一种对道德秩序的维护，试图在混乱的时代中恢复道德的基础。

在历史上，许多国家在动荡时期都涌现了许多忠诚的臣子。比如，南宋末年的张世杰、陆秀夫与文天祥，他们在国家动荡时期坚守忠诚，抵抗外敌、争取民族生存，最终为信仰和原则献出了生命，被后人尊称为“宋末三杰”。

总结：通过对《道德经》第十八章的解读，我们可以认识到，在道德沦丧的时代，人为的道德规范和价值观会逐渐出现。这些道德规范和价值观是对道德沦丧的一种抵制，试图将人们带回“道”的本质。然而，人们应该时刻警惕智慧被用于掩盖道德败坏的情况，时刻关注道德沦丧的表现，并通过自我修炼，回归道德的本质。

第十九章

绝圣弃智，民利百倍；绝仁弃义，民复孝慈；绝巧弃利，盗贼无有。此三者以为文不足，故令有所属：见素抱朴，少私寡欲，绝学无忧。

《道德经》第十九章提出了回归朴素的生活并强调道德的重要性。下面，我们探讨其中所蕴含的道理，并结合现实案例进行说明。

在这一章中，老子提倡回归朴素的生活，并强调道德的重要性。他认为，当人们摒弃聪明智慧，遵循圣人和智者的教诲（“绝圣弃智”），民众的福祉会得到极大的提升；当人们不再过分追求仁义（“绝仁弃义”），民众将重新找回孝慈的本源；当人们摒弃狡猾和贪婪（“绝巧弃利”），社会将不再出现盗贼。

然而，老子认为这三种仅仅摒弃表面的文化教养是不够的，人们还需要对内心进行改变。因此，他提倡人们应该“见素抱朴”，即追求简单、朴素的生活方式；“少私寡欲”，即减少私欲，遏制贪欲。

在现代社会，越来越多的人开始追求简单、朴素的生活方式。例如，“极简主义”概念就是一个典型的例子。极简主义者强调拥有的不是越多越好，而是追求物品的实用性和高品质。这种生活方式使人们回归内心，关注精神层面的需求，从而实现内心的平和与满足。

此外，许多企业家和名人也开始关注道德问题，强调道德的重要性。例如，比尔·盖茨和沃伦·巴菲特等亿万富翁通过设立慈善基金会，将大部分财富捐献给慈善事业，以解决全球的贫困、教育等问题。这种行为体现了“少私寡欲”的精神，也彰显了道德的价值。

总结：通过对《道德经》第十九章的解读，我们可以领悟到，回归朴素的生活和强调道德的重要性对于人类社会具有深远的意义。老子在这一章中提醒我们，要摒弃表面的文化教养，从内心深处追求简单、朴素的生活方式，减少私欲，遏制贪欲。在现实生活中，我们可以从这一章中汲取智慧，关注道德的重要性，提升个人道德水平，从而为构建和谐、繁荣的社会环境贡献力量。同时，国家和社会也应当重视道德建设，加强道德教育，以提升整个社会的道德水平，从而减少社会问题，促进社会和谐与发展。

第二十章

唯之与阿，相去几何？善之与恶，相去若何？人之所畏，不可不畏。荒兮，其未央哉！众人熙熙，如享太牢，如春登台。我独泊兮，其未兆，如婴儿之未孩。儽儽【lěi】兮，若无所归。众人皆有余，而我独若遗。我愚人之心也哉，沌沌【dùn】兮！俗人昭昭，我独昏昏；俗人察察，我独闷闷。澹兮，其若海；飂兮，若无止。众人皆有以，而我独顽似鄙。我独异于人，而贵食母。

第二十章是《道德经》中一段深刻的哲学思考。在这一章中，老子通过独特的视角探讨了人生、人性、道德以及社会现象。

首先，老子提出："唯之与阿，相去几何？善之与恶，相去若何？"这句话表达了一个重要的哲学观点：善与恶、美与丑之间的界限往往模糊不清，它们之间相互依存、相互转化。现实生活中，我们常常看到一些看似美好的事物背后隐藏着恶劣的一面，反之亦然。例如，某些慈善机构在扶贫济困的同时，也可能存在腐败和贪污现象。这告诉我们在评判事物时，应保持理智，不要轻易被表面现象所迷惑。

其次，老子写道："人之所畏，不可不畏。"这句话提醒我们要敬畏人们普遍害怕和担心的事物。它不仅是在谈论对自然和社会规律的敬畏，还涵盖了对人际关系、道德法则、和人们内心的恐惧和欲望的深刻反思。例如，在环保问题上，如果人们不敬畏自然法则，盲目追求经济利益，最终可能导致生态失衡，给人类带来灾难。同时，这句话也敦促我们要恪守社会规范和法律，尊重他人的权益，反思自己的恐惧和欲望，以维护社会的和谐稳定，提高个人的道德和智慧水平。这是一种更全面的人生观念，引导我们在面对复杂多变的现实世界时，能够保持审慎和谨慎，追求更高层次的道德和智慧。

再次，老子描述了自己与众不同的生活状态："众人熙熙，如享太牢，如春登台。我独泊兮，其未兆，如婴儿之未孩；儽儽兮，若无所归。众人皆有余，而我独若遗。"在这里，老子表达了自己超脱世俗的心境。众人熙熙攘攘，追求物欲享受，而他却独自守护内心的宁静，如同"未孩"的婴儿，无欲无求。现实中，许多人沉迷于名利权势的争夺，却很少有人能够像老子这样洗尽铅华，回归内心的宁静。这种超脱世俗的品质值得我们效仿。

然后，老子道："俗人昭昭，我独昏昏；俗人察察，我独闷闷。"这里，老子强调了自己的不同之处。众人都在追求物质的满足和表面的光鲜，而他却守住了内心的纯净，不为外界纷扰所动。这种态度体现了道家的"无为"的哲学观念。在现实生活中，我们常常面临各种诱惑和压力，学会像老子这样保持内心平静，不被外界干扰，才能更好地面对生活中的挑战。

最后，老子说："澹兮，其若海；飂兮，若无止。众人皆有以，而我独顽似鄙。我独异于人，而贵食母。"在这里，老子表达了自己对"道"的渴求和敬仰。众人都在追求世俗之事，而他却独爱道。他将道比作大海，深邃无边；将道比作母亲，养育万物。这种对道的崇敬，展现了老子对人生意义和道德境界的追求。

总结：通过对《道德经》第二十章的解读，我们可以领悟到老子的哲学思想。在现实生活中，我们应该保持内心的平静，耐得住寂寞，不被世俗诱惑所动；要敬畏自然和社会规律，遵循道德准则；要追求人生的真谛，而不是盲目追求名利。老子的哲学思想为我们提供了宝贵的人生指导，值得我们深入思考和学习。

第二十一章

孔德之容，惟道是从。道之为物，惟恍惟惚。惚兮恍兮，其中有象；恍兮惚兮，其中有物。窈【yǎo】兮冥兮，其中有精；其精甚真，其中有信。自今及古，其名不去，以阅众甫。吾何以知众甫之状哉！以此。

在《道德经》的第二十一章中，老子从哲学的角度论述了道的本质、特征及其在世间万物中的普遍存在。这一章内容主要涉及道的神秘性、包容性、内在真实性等方面。

首先，老子谈道："孔德之容，惟道是从"，这里的"孔德"指道德的至高境界，它是道的体现。老子认为，只有道才能引导我们达到这种道德的至高境界。这一观点强调了道在人类道德修养和心灵成长中的重要地位。

其次，老子描述道的特征："道之为物，惟恍惟惚。惚兮恍兮，其中有象；恍兮惚兮，其中有物。"这里的"恍惚"表达了道的神秘性和难以捉摸的本质。虽然道无形无相，但它存在于万物之中，为万物提供了生命力和指导。这种描述体现了老子对道的敬畏和尊崇。

之后，老子进一步阐述道的内在真实性："窈兮冥兮，其中有精；其精甚真，其中有信。"虽然道难以触摸，但它却蕴含着极其真实的精神内涵。这种真实性使得道成了世间万物的信仰和依托。这一点从另一个角度展示了道在宇宙间的重要性。

最后，老子指出道在世间的普遍存在："自今及古，其名不去，以阅众甫。吾何以知众甫之状哉！以此。"老子认为，道自古至今都存在于世间，它贯穿于一切生命和现象。他以自己的观察和领悟作为证据，强调道在人类历史和文化中存在的普遍性。

在现代精神治疗和自我提升方面，许多人选择冥想和自我反思作为工具，以寻找心灵的平衡和成长。这种追求内在和谐与平静的过程体现了道的精神。例如，瑜伽和冥想作为一种自我调节和净化心灵的方式，成为许多人追求身心健康的一种方式。这一观点强调了道对个人道德和心灵成长的重要影响，展示了道的博大精深。

在建筑设计中，许多设计师遵循与自然和谐共存的原则，借鉴道的哲学来塑造空间。例如，使用自然光，采用可持续材料以及与周围环境的和谐共融，都体现了对道自然、简约之美的敬畏和尊崇。这些设计理念不仅展现了道的美学观念，而且强调了人与自然的关系。

在现代天文学中，科学家研究宇宙的起源和结构，尝试解释宇宙的有序和和谐。例如，探索暗物质和暗能量等难以观察的现象，正是在寻找宇宙间道的体现。科学家的这些探索揭示了宇宙间的深层次规律和秩序，从另一个角度展示了道在宇宙间的重要性，将古代哲学与现代科学相结合。

最后，世界各地的许多文化和宗教传统，如佛教、印度教等，都有强调和谐、平衡和自然的理念。这些思想的共通性成为人类文明的共同基础。从古至今，无论东方还是西方，不同文化之间关于道德和生活哲学的共通性，强调了道在人类历史和文化中存在的普遍性，突出了道的文化价值和影响力。

总结：《道德经》第二十一章所描述的道的本质、特征及其在世间万物中的普遍存在，在现代社会的多个领域都得到了体现。通过以上具体的例子，我们可以看到道的精神如何渗透到现实生活中，从而更深入地理解和实践道的智慧。

第二十二章

曲则全，枉则直；洼则盈，敝则新；少则得，多则惑。是以圣人抱一为天下式：不自见，故明；不自是，故彰；不自伐，故有功；不自矜，故长。夫唯不争，故天下莫能与之争。古之所谓“曲则全”者，岂虚言哉！诚全而归之。

《道德经》第二十二章主要论述了道家哲学中的谦逊、自省、顺应自然等思想，通过对本章节的解读，我们可以从哲学的角度去探讨其内涵，并以现实案例加以说明。

首先，“曲则全，枉则直”强调了适应性和柔韧性的重要性。现实案例中，我们可以看到许多企业在遇到困境时，正是通过调整战略和管理方式，来适应市场变化，从而实现了企业的振兴。例如，诺基亚手机在智能手机时代初期，未能及时调整战略，导致市场地位下降。后来，诺基亚转型为通信设备制造商，通过适应市场需求，实现了企业的快速复兴。

其次，“洼则盈，敝则新”表达了意识到不足就积累知识和经验，意识到落后就不断改进和创新。现实中，一个对自己知识空缺有清晰认识的人会不断学习新知识，填补空白，使自己变得更加优秀。同时，我们可以看到许多成功的企业，如华为、小米等，正是凭借不断改进和创新的精神，使其产品始终保持领先地位。

第三，“少则得，多则惑”，从哲学上讲，这意味着在追求知识和物质时，应遵循“适可而止”的原则。现实案例中，许多成功人士正是通过专注于某一领域，才取得了举世瞩目的成就。例如，华罗庚，中国著名数学家，因为专注于数学研究，取得了诸多突破性成果。

第四，“是以圣人抱一为天下式”可以理解为圣人拥抱统一的原则，作为治理世界的准则。在道家哲学中，一切万物都来自“道”，它是宇宙的根本原则，无分别、无二致、纯粹而统一。圣人，作为道家思想中的理想化人物，他们了解并践行这一统一原则，拥抱这一纯粹的真理。他们不陷入纷繁复杂的世俗追求，而是保持内心的平和与纯粹，以“一”这个原则来审视和引导世界。这样的领导方式强调顺应自然、无为而治的智慧，不强求、不争执，但能达到人与自然、人与人之间的和谐共生。这一观点也提醒我们，在现实生活中，我们也许可以从简约、专注和内心的平静中找到解决复杂问题的智慧和力量。

第五，“不自见，故明；不自是，故彰；不自伐，故有功；不自矜，故长”阐述了谦逊、自知、自省的重要性。在哲学上，传达了道家强调内心修养、自我反省的观念。现实案例中，我们可以看到一些成功的企业家和领导者，正是通过谦逊、自知、自省，才赢得了他人的尊重和支持。例如，华为公司的创始人任正非，他的谦逊、自知、自省使他成了一位备受尊敬的企业家。

最后，“夫唯不争，故天下莫能与之争”强调了避免与他人争执的智慧。从哲学角度来看，这体现了道家的无为而治的思想，强调人们应顺应自然，避免过度干预和争执。而“古之所谓‘曲则全’者，岂虚言哉！诚全而归之”，这句话直译为：“古人所说曲则全，岂是虚言！真实地完整并归于它。”这里的“曲”意指柔软、顺从，与硬直、对抗相对立。它暗示了一种对自然界万物之道的领悟，即适当的顺从和弯曲可以带来完整与和谐。“诚全而归焉”进一步强调了这一理念的真实和重要性。古人的智慧并非空谈，而是基于对自然法则深入的理解和观察。这一观点反映了道家无为而治的思想，强调顺应自然，不与之抗争。在现实生活中，这可以理解为在遇到挫折和困难时，采取灵活、顺应的态度，而非僵硬对抗，从而达到更好的效果与和谐。这一古老的哲学思想在现今依然有着深刻的启示作用。

任正非是中国科技和商业领域的佼佼者。他的管理哲学和决策方式在很多方面都体现了《道德经》第二十二章的核心思想：“曲则全，枉则直，洼则盈，敝则新，少则得，多则惑。”

让我们以任正非为例来说明此章的主要内容。首先，任正非在面对企业危机和外界压力时，展示了“曲则全，枉则直”的智慧。在华为因贸易战受限制时，任正非采取了一系列灵活的策略，包括开放公司的5G专利和转向自主研发芯片，来应对制裁和供应链的问题。这种适应性和灵活性使华为能够维持其在全球市场的竞争力。

任正非在内部管理和企业文化方面，体现了“洼则盈，敝则新”的原则。他强调“客户至上，以人为本”的管理理念，并推动开放和创新的文化。在他的引导下，华为不断推出具有创新性的产品和解决方案，比如华为云、5G网络设备等，满足了市场的多样化需求。

其次，任正非的谦逊和内敛个性体现了“少则得，多则惑”以及“不自见，故明；不自是，故彰”的精神。在多个公开场合，他强调自己是“农民工的儿子”并对外界的批评和建议持开放态度。这种低调和接纳性使他得以集中注意力于公司的长期战略和发展，而不是纠结于短期的得失。

再次，任正非的“不自伐，故有功”表现在他对企业成就的归因上。尽管华为在全球市场表现出色，但任正非很少单独突出自己的贡献，而是将成功归因于团队的努力和公司文化。这种低调和集体主义的态度加强了他的领导地位和团队凝聚力。同样地，对于“不自矜，故长”，任正非经常强调持续学习和改进的重要性。即使在华为取得了一定的成功之后，他依然强调企业和个人都需要不断进步和适应变化，而非沾沾自喜。

然后，关于“夫唯不争，故天下莫能与之争”的表现，任正非在处理与其他企业和政府关系时，总体上采取合作和非对抗的态度。比如，在华为被列入美国的“实体名单”之后，他并没有选择对美国政府进行公开的抗争或诋毁，而是寻求法律援助和商业上的解决方案。

最后，全文的核心思想“古之所谓‘曲则全’者，岂虚言哉！诚全而归之”在任正非身上也得到了充分体现。任正非成功地引导华为在多变的商业环境中稳健发展，其方法主要体现在灵活应对外部环境、坚持内部价值观，以及维持一种平和、不争的心态上。其一，他通过全球化战略和加强核心技术研发来应对不同市场和政治压力，降低依赖和风险。其二，他始终坚持以客户为中心和建立有效的员工激励机制，确保企业目标和价值观得以贯彻。其三，在战略聚焦、开放合作以及平和、理性的公关策略方面，任正非避免了与外界产生不必要的冲突和争端。这些综合战略不仅赋予了华为竞争优势，也使其能在复杂多变的环境中保持长期、稳健的发展。

总结：《道德经》第二十二章深入探讨了“不争”的智慧，倡导适应性、柔韧性、简约、专注、谦逊和顺应自然的生活哲学。这一章强调通过顺从而不是对抗来达到完整与和谐，警示人们在追求物质和知识时应遵循“适可而止”的原则。古人所传达的“曲则全”的思想并非虚言，而是一种深刻的人生智慧，引导人们在复杂多变的现实世界中，实现个人和社会的和谐发展。

第二十三章

希言自然。故飘风不终朝，骤雨不终日。孰为此者？天地。天地尚不能久，而况于人乎？故从事于道者同于道，德者同于德，失者同于失。同于道者，道亦乐得之；同于德者，德亦乐得之；同于失者，失亦乐得之。信不足焉，有不信焉。

本章主要讲述了自然规律的简约性和顺应自然的重要性。接下来，我们将从哲学角度解读这一章内容，并以现实案例加以说明。

首先，“希言自然”揭示了自然的朴素、不做作和不多言的特质。飘风和骤雨不能持续很久，它们自然而然地呈现和消失，无须多言。在哲学上，这意味着人们应该理解并顺应自然的朴素智慧，追求一种不强求、不勉强的生活方式，而非单纯追求表面的简约美学。现实案例中，可以通过观察自然界的现象来理解这一哲学思想，如流水自然流淌、花朵自然绽放等，都是不需人为干预的自然过程，反映了一种与自然和谐共处、与自然法则相一致的智慧。

其次，“天地尚不能久，而况于人乎？”警示人们要意识到生命的短暂，珍惜时间，把握当下。哲学上，这意味着人们应该关注自己的生命价值，珍视时间，并努力追求生活的意义。现实案例：许多成功人士如王永庆、李嘉诚等，都是抓住机遇，充分利用时间节点，创造了非凡的成就。

再次，“从事于道者同于道，德者同于德，失者同于失”强调了顺应自然规律的重要性。在哲学上，这意味着人们应该遵循道德原则，按照自然规律生活，才能获得真正的成功和幸福。现实案例：任正非是一位遵循道德原则的企业家，在商业领域中不仅获得了成功，还赢得了人们的尊重和信任。

然后，本章还提道：“同于道者，道亦乐得之；同于德者，德亦乐得之；同于失者，失亦乐得之。”这说明当我们与道相符、与德相符时，我们将获得道和德的回报；与失相符时，则将会遭受失去的后果。现实中一个遵守交通规则的驾驶员，便会减少交通事故的风险，获得安全行驶的保障，而那些违反交通规则的人，往往会饱受事故和罚款的困扰。

最后，“信不足焉，有不信焉”表达了信任的重要性。在哲学上，这意味着人们应该以诚信为基础，与他人建立稳固的关系。阿里巴巴在电子商务领域取得成功的一个重要原因，就是因为它注重诚信原则，通过建立信誉体系，为消费者提供安全可靠的交易平台。

总结：《道德经》第二十三章从哲学角度阐述了自然规律的简约性，生命的短暂，顺应自然和道德原则的重要性以及信任的价值。这些原则旨在引导人们在面对不断变化的世界时，如何遵循自然法则，实现个人成长和社会和谐。通过现实案例的说明，我们可以看到这些原则在实际生活中的应用和价值。学习和践行这些原则，有助于我们在现实生活中更好地应对挑战，实现个人和社会的共同进步。

第二十四章

企者不立，跨者不行；自见者不明，自是者不彰，自伐者无功，自矜者不长。其在道也，曰余食赘【zhuì】行，物或恶之，故有道者不处。

本章主要阐述了自恃、自负和矫情的弊端，以及道德修养在个人成长和社会和谐中的重要性。接下来，我们将从哲学角度解读这一章内容，并以现实案例加以说明。

首先，本章以“企者不立，跨者不行”为开篇，强调了谦逊的重要性。在哲学上，这意味着个体应追求内心的平和，不过分追求名利和地位，以免失去自我。很多成功人士，如沃伦·巴菲特和李嘉诚，虽然拥有巨大的财富和社会地位，但他们都保持着低调和谦逊的态度，不张扬，得到了广泛的尊重。

其次，“自见者不明，自是者不彰”指出了自视过高的弊端。在哲学上，这意味着个体应该保持开放心态，尊重他人意见，以便不断提高自我。诺基亚曾是手机市场的领导者，但由于过分自信，未能适应市场变化，最终被苹果和安卓手机厂商取代。

再次，“自伐者无功，自矜者不长”提醒我们要避免自夸和矫情。在哲学上，这意味着个体应实事求是，不要过分夸大自己的优点，以免引起他人反感。许多企业在宣传时过度吹嘘自己的产品，导致消费者对其失去信任，最终影响企业声誉和业绩。

最后，本章以“其在道也，曰余食赘行，物或恶之，故有道者不处。”作为结尾，强调道德修养在个人成长和社会和谐中的重要性。在哲学上，这意味着人们应该追求道德修养，以实现个人价值和社会和谐。德国的中小企业，许多都是家族企业，他们注重“道德修养”，遵循诚信原则，赢得了市场和消费者的信任，使企业得以持续繁荣发展，让德国成为全球“企业隐形冠军”最多的国家。

总结：《道德经》第二十四章从哲学角度阐述了谦逊、自然、开放心态和道德修养等原则对个人成长和社会和谐的重要性。本章强调个体应避免自恃、自负和矫情的弊端，追求道德修养，实现个人价值和社会和谐。

第二十五章

有物混成，先天地生。寂兮寥兮，独立不改，周行而不殆，可以为天地母。吾不知其名，字之曰“道”，强为之名曰“大”。大曰逝，逝曰远，远曰反。故道大，天大，地大，人亦大。域中有四大，而人居其一焉。人法地，地法天，天法道，道法自然。

这一章描述了道的本质，强调道、天、地和人之间的关系，并论述了自然法则的重要性。从哲学角度解读，我们可以发现宇宙、自然和人类的和谐共生之道。下面，我们将结合现实案例加以说明。

首先，这一章开头提道：“有物混成，先天地生”，强调道是宇宙万物的根源。在哲学上，这揭示了道的神秘性和超越性，使人们对自然产生敬畏之心。近年的环保运动，让人们开始意识到自然的力量是不以人的意志为转移的，是人类无法战胜的，只有努力保护地球，实现人类与自然的和谐共生，这才是正确之道。

其次，“寂兮寥兮，独立不改，周行而不殆，可以为天地母”。这里描述了道的永恒和稳定的特性，它是天地万物的支撑和滋养之源。在哲学上，这强调了道的普遍性和本质。现实中太阳能、风能等可再生能源的开发利用，体现了人类在遵循自然规律的基础上，寻求可持续发展的道路。

再次,“吾不知其名,字之曰‘道’,强为之名曰‘大’”。这句话表达了老子对道的敬畏之心，意识到道无法用言语完全描述。在哲学上，这启示人们要保持谦逊态度和敬畏之心，不断探索未知领域。科学家在研究宇宙奥秘时，始终保持敬畏之心和谦逊的态度，推动科学进步，即是如此。

然后，“故道大，天大，地大，人亦大。域中有四大，而人居其一焉”强调了道、天、地和人的关系，人类是自然的一部分，应当遵循道、天、地的法则。在哲学上，这意味着人类应该顺应自然、尊重生命。现实中有机农业、绿色建筑等领域的蓬勃发展，体现了人们在生产和生活中正努力遵循自然规律，寻求与环境和谐共生的方式。

最后，“人法地，地法天，天法道，道法自然”。这句话明确了各个层次之间的法则联系，指出人类应遵循地球、天空和道的法则，而这些法则都源于自然。哲学上，这启示人们要把握万物相互关联的真理，追求与自然的和谐。现实中可持续发展、生态文明建设等理念的提出，体现了人类在发展中逐渐认识到自然法则的重要性，努力构建人与自然和谐共生的新型发展模式。

总结：通过对《道德经》第二十五章的解读，我们可以认识到道、天、地和人之间的紧密联系。从哲学角度来看，这一章启示我们要保持敬畏之心和谦逊的态度，顺应自然法则，追求人类与自然的和谐共生。结合现实案例，我们可以看到这些思想在环保、可再生能源、有机农业等领域的应用，为人类走向可持续发展指明了方向。学习和实践这些哲学原则，有助于我们在现实生活中更好地应对挑战，实现个人和社会的共同进步。

第二十六章

重为轻根，静为躁君。是以圣人终日行不离辎重，虽有荣观，燕处超然。奈何万乘之主，而以身轻天下？轻则失本，躁则失君。

这一章主要讲述了“重”“轻”“静”“躁”之间的关系，以及如何在生活中保持他们的平衡。从哲学角度解读，我们可以从中汲取关于内心平衡与自律的智慧。

首先，老子提道：“重为轻根，静为躁君。”这句话阐述了重要性和根本性之间的关系。在生活中，我们需要关注重要的事物，因为它们是我们行动和决策的基础。同时，静态应主宰我们的内心，因为它有助于我们保持平衡，应对外部的喧嚣与纷扰。

其次，老子强调君子的行为：“是以君子终日行不离辎重，虽有荣观，燕处超然。”这意味着圣人在行动中始终保持谨慎、稳重，不追求表面的繁荣与华丽。即使面对诱惑，他也能保持清醒，不受干扰。这为我们树立了一个自律、内心平衡的典范。

最后，老子提醒我们：“奈何万乘之主，而以身轻天下？轻则失本，躁则失君。”这句话告诫我们不要轻易放弃自己的根本，以免失去平衡。同时，过于躁动会导致失去理智和领导力。因此，保持内心的平静与稳重至关重要。

以公司管理为例，一个优秀的领导者需要关注公司的核心业务和重要员工，而不是过于关注表面的利益。同时，他需要在面对市场波动时保持冷静和理智，做出明智的决策。

在个人生活中，我们需要关注健康、感情等重要方面，而不是过分追求物质财富。此外，我们需要学会调节情绪，避免过于焦虑和冲动，以维持内心的平衡。

在职场中，保持内心平静对于应对工作压力和挑战至关重要。例如，当面对紧张的工作环境和繁重的工作任务时，我们需要学会调整心态，集中精力关注工作任务本身，而不是消耗精力在无谓的争吵和纷扰中。

在教育领域，教师需要关注学生的真实需求，而不是过于追求考试分数。这意味着要关注学生的个性发展，激发他们的兴趣和潜能，而不仅仅是关注分数和排名。同时，教师应保持心境平和，以应对教学中可能遇到的困难和挑战。

在社会生活中，我们应关心社区和关注环境，而不仅仅只关心个人利益。这包括参与社区活动、关注公共事务、保护环境等。在面对社会问题时，保持内心平静，理性思考解决方案，有助于我们为社会作出积极的贡献。

总结：通过对《道德经》第二十六章的解读，我们可以理解到“重”“轻”“静”“躁”之间的关系，以及如何在生活中保持平衡，去关注事物的本质，在面对外部干扰时要保持内心的平静与稳重，从而实现个人和社会的和谐发展，达到人生幸福快乐的目标。

第二十七章

善行，无辙迹；善言，无瑕谪；善数，不用筹策；善闭，无关楗【jiàn】而不可开；善结，无绳约而不可解。是以圣人常善救人，故无弃人；常善救物，故无弃物。是谓袭明。故善人者，不善人之师；不善人者，善人之资。不贵其师，不爱其资，虽智大迷。是谓要妙。

这一章讲述了善良行为的特点以及善良之人对他人和事物的态度。下面从哲学角度解读，并举例加以说明。

首先，“善行，无辙迹；善言，无瑕谪；善数，不用筹策；善闭，无关楗而不可开；善结，无绳约而不可解”。这句话描述了善良行为的特点，表明善良行为是自然、无痕迹的，而不是刻意追求的。在生活中，我们可能会遇到那些默默行善的人，帮助他人却不求任何回报，正是这种自然而然的善良使得他们的行为更加珍贵。

其次，“是以圣人常善救人，故无弃人；常善救物，故无弃物。是谓袭明”。这句话告诉我们，一个有道德的人会尽力去帮助别人，珍惜身边一切事物，而不会轻易放弃。现实中，一个有道德的老师会关注学生的成长，即使学生犯了错误，也会给予指导和帮助，而不是放弃他们。

最后，“故善人者，不善人之师；不善人者，善人之资。不贵其师，不爱其资，虽智大迷。是谓要妙”。这句话告诉我们，善良的人应该成为不善良者的榜样，而不善良的人也可以成为善良者的学习对象。我们应该珍惜这种相互学习的机会，否则即使聪明绝顶，也会陷入迷茫。在公司团队中，有时我们会遇到性格和工作风格迥异的同事。我们应该学会尊重他们的长处，同时要从他们的不足中汲取经验教训。这样，我们不仅能够提高自己的道德修养，还能增进团队凝聚力，共同成长。

从以上内容中，我们可以看出老子强调了善良行为及道德修养对个人和社会的重要性。在现实生活中，我们可以将这种思想应用于自己的言行举止，努力成为一个有道德修养的人。我们应该学会关心他人，尽自己所能去帮助别人，同时珍惜身边的一切事物。此外，我们还应该善于与他人交流，相互学习，不断提高自己的道德水平。

总结：通过对老子《道德经》第二十七章的解读，我们了解到善良行为的特点以及善良之人对他人和事物的态度。从哲学角度来看，这一章强调了道德修养的重要性，并鼓励互相学习与成长。在现实生活中，我们应该努力将这些道德观念融入日常生活，以实现个人和社会的共同进步。

第二十八章

知其雄，守其雌，为天下谿【xī】。为天下谿，常德不离，复归于婴儿。知其白，守其黑，为天下式。为天下式，常德不忒【tè】，复归于无极。知其荣，守其辱，为天下谷。为天下谷，常德乃足，复归于朴。朴散则为器，圣人用之则为官长。故大制不割。

在这一章中，老子以阴阳、黑白、荣辱等对立的概念为线索，论述了道德修养中的平衡与和谐。他提倡人们在人生中要兼顾刚柔并济、尊卑相济的原则，以体现自己的价值和个性。这些观念在现实生活中具有深刻的启示意义。

“知其雄，守其雌，为天下谿”，老子提倡人们在理解并接纳阳刚（“雄”）的同时，也要珍视并保持阴柔（“雌”）。提倡人们既要知道自己的强项（“雄”），也要认识到自己的弱点（“雌”），这样才能在生活中保持平衡。这里的“谿”代表着河流源头、始源和生命力。这也意味着人们需要在强大和刚硬的外表下，保持温和与柔软的内心。

“知其白，守其黑，为天下式”，老子认为，在理解清晰、明亮的事物时，也应该守护那些看似黑暗、模糊的事物。在生活中应该既要看到事物的光明面（“白”），也要看到事物的阴暗面（“黑”）。“白”和“黑”也代表着知识与无知，明智与愚蠢。这里的“式”代表模型或范例，告诉我们应该把握事物的双面性。

“知其荣，守其辱，为天下谷”，老子提醒我们，在享受荣誉和辉煌的同时，也要承受辱骂和痛苦。在社交场合要懂得分寸，知道何时该展现自己的才能（“荣”），何时应该保持低调（“辱”）。“谷”象征着谦虚和接纳，就像山谷一样接纳所有的小溪河流，我们也应该接纳生活中的所有的体验。

“朴散则为器，圣人用之则为官长，故大制不割”，在这里，老子提出了一个重要的理念，那就是在简朴中找到真理，通过接纳、理解对立和矛盾，人们可以成为真正的领导者。同时，“大制不割”意味着应避免过度的干预和控制，而是要让事物顺其自然地发展。

在现实生活中，我们可以看到许多成功的企业领导人和经理人都非常擅长平衡以上这些对立的因素。例如，一位优秀的领导者可能既强大又温柔，既能接纳明亮又能接纳黑暗。他们在遇到挑战和困难时，会抱着开放和接纳的心态，既承认自己的优点，也接纳自己的缺点。

一个具体的案例是零售巨头宜家。宜家的创始人坎普拉德对待自己的公司始终持有谦逊的态度。他坚信，成功来自对客户的关心和对员工的尊重，而这一切都源于他对阴柔和阳刚、荣誉和辱骂、知识和无知之间平衡的理解。他一直保持着朴素生活方式，尽管他是全球最富有的人之一。他的理念就是保持简朴，这也反映在宜家的产品和业务模式上：提供质量好且价格合理的家居产品，让每个顾客都能享受美好的居家生活。宜家所有的员工，包括坎普拉德自己，都被视为平等的一员。这种民主型领导风格和谦逊的态度让宜家在全球范围内取得了巨大的成功。

总结：通过以上分析，我们可以看到，《道德经》第二十八章为我们提供了关于道德修养、生活原则和人际关系的深刻见解。这些观念在现实生活中具有广泛的应用价值，有助于我们更好地认识自己、与他人相处以及追求内心的平和。我们应该在日常生活中践行这些原则，以实现个人成长与社会和谐。

第二十九章

将欲取天下而为之，吾见其不得已。天下神器，不可为也，不可执也。为者败之，执者失之。故物或行或随，或嘘或吹，或强或羸，或挫或隳。是以圣人去甚、去奢、去泰。

在这一章中，老子阐述了关于治理国家的理念，主张无为而治，警示人们不要试图强行控制和改变事物的自然发展规律。这一章的哲学内涵丰富，不仅对古代国家治理有指导意义，也对现代社会具有启示作用。

首先，老子提道："将欲取天下而为之，吾见其不得已"，意思是指那些试图通过强行控制和干预的手段来治理国家的人，最终都不会成功。因为天下万物都有其自然规律，试图改变这些规律的人注定要失败。老子将天下比作"神器"，强调其"不可为""不可执"，意味着国家和社会的运行是复杂而微妙的，不能用简单的方法或武断的手段来治理。

其次，老子指出"故物或行或随，或嘘或吹，或强或羸，或挫或隳"，这意味着事物的发展有其固有规律，有时顺利，有时困难，有时强大，有时衰弱。这种变化是自然界的普遍现象，人们不能强行改变它。因此，圣人应当去除过分干预的极端行为，遵循事物的自然规律，以实现国家的和谐发展。

在现实案例中，我们可以从两个方面来说明这一理念的重要性。一方面，在国家治理方面，当今世界已经越来越注重民主、自由和法治，许多国家的政治体制逐渐摆脱了极权主义和独裁主义的束缚。这些国家尊重民意，充分发挥民众的力量，不试图强行控制和干预社会的发展，而是让市场在资源配置中发挥决定性作用，从而实现经济的繁荣和社会的进步。这种治理方式恰恰符合老子所说的“去甚、去奢、去泰”。另一方面，在企业管理方面，许多成功的公司领导人都懂得激发员工的创造力和潜能，而不是试图控制和干预员工的一举一动。他们倾听员工的意见和建议，充分调动员工的主观能动性，为员工创造良好的工作环境和发展空间。这样的管理方式有助于激发员工的工作积极性，提高企业的整体效率，从而使公司取得长久的发展。这同样体现了老子“无为而治”的智慧。

以苹果公司为例，其创始人史蒂夫·乔布斯就是一个典型的“无为而治”的企业家。他懂得尊重和信任员工，给予他们充分的自由和创造的空间。这使得苹果公司在乔布斯的领导下，成功地创造了诸如 iPod、iPhone、iPad 等一系列革命性的电子产品，成为全球最具创新力的公司之一。

当然，我们也应当看到，“无为而治”的理念并不意味着完全不作为，而是要在尊重事物自然规律的基础上，适度地进行干预和引导。在现实中，每个国家和企业都需要有一个清晰的发展方向和战略目标，以便在遵循自然规律的前提下，引导社会和企业朝着正确的方向发展。

总结：老子在《道德经》第二十九章中，通过阐述“无为而治”的理念，提醒我们在治理国家和管理企业的过程中，要尊重事物的自然规律，避免过分干预和极端行为。这一理念不仅具有历史价值，也具有现实意义。通过研究和实践这一理念，我们可以更好地理解和运用老子的智慧，为实现个人成长、企业繁荣和社会和谐贡献我们的力量。

第三十章

以道佐人主者，不以兵强天下。其事好还：师之所处，荆棘生焉；大军之后，必有凶年。善有果而已，不敢以取强。果而勿矜，果而勿伐，果而勿骄，果而不得已，果而勿强。物壮则老，是谓不道，不道早已。

本章主要阐述了以道治国的理念以及反对武力征服的观点。以下是对这一章的解读，从哲学角度出发，并以现实案例加以说明。

首先，老子在“以道佐人主者，不以兵强天下”这句话中指出，真正遵循“道”的君主，不会依靠军事力量去征服世界。这是因为老子主张“无为而治”，认为使用暴力是违背“道”的。他提倡以道德、仁爱去引导天下，而不是以兵力去强行统治。这是对“道”的理解，也是对治国策略的独特见解。

其次，“其事好还：师之所处，荆棘生焉；大军之后，必有凶年”这句话进一步说明了军事行动的后果。任何侵略行为最终都会引发反弹，一切军事行动的结果都会是痛苦和毁灭。军队经过的地方，会像荆棘一样荒芜。这是因为战争本质上是对生命的摧毁，是对和谐的破坏，与“道”的原则相悖的。而军事行动之后，必然会带来严重的社会、经济问题，导致凶年的到来。

再次，“善有果而已，不敢以取强。果而勿矜，果而勿伐，果而勿骄。果而不得已，果而勿强”，这里讲述了“道”的另一个重要原则——中庸之道。老子认为，善行应该只求有果，不求强大。任何一种成功之后，都不应该矜夸、自夸、自满。只有当事情“不得已”，才能稍微使用一些力量，但绝对不能滥用。这是因为，“道”的力量在于它的温和和中庸，而非过度的强大和傲慢。

最后，“物壮则老，是谓不道，不道早已”，老子在这里强调，一切过于强大的事物都会走向衰老，这是违背“道”的行为，违背“道”的行为必然会早夭。这是因为，万物只有保持中庸，才能符合“道”的原则，才能够长久。

赵匡胤，即宋太祖，是中国历史上北宋王朝的创始人，以“陈桥兵变”而崭露头角，并最终建立了宋朝。他的统治方式和政治理念在多个方面与《道德经》第三十章“以道佐人主者，不以兵强天下”有着显著的契合。

首先，在夺取政权后，赵匡胤并没有过度依赖军事力量来巩固自己的统治，而是采用了“废除‘两税法’、废除农役”等措施来减轻百姓的负担。这符合“其事好还”的原则，即在使用了军事手段达到目的后，及时转向和平与社会建设的方向，以促进国家的长远稳定和发展。

其次，赵匡胤在处理与其他诸侯和地方势力的关系时，也展现出“师之所处，荆棘生焉”的智慧。在战争胜利后，他没有妄自尊大或贪图更多的领土和财富，而是倾向于与其他势力达成和解和合作。赵匡胤在宋朝建立初期便面临着与辽国的边界争端和军事威胁。但他选择通过和平手段，如缔结和亲、赠送财物等方式，与辽国达成相对和解状态，而非持续用兵。这减少了长期冲突和社会不安，符合“大军之后，必有凶年”的警示。

最后，“善有果而已，不敢以取强。果而勿矜，果而勿伐，果而勿骄。果而不得已，果而勿强”。赵匡胤在统治过程中的许多决策和行动，都体现出一种以德服人而非以权力压人的态度，他没有因个人或国家利益而过度强行推行自己的意愿，而是在达成目标后保持谦虚和节制的态度，如“册立太子、推行考试制度”等，这两个决策都强调了规范和公平，而不是简单地通过权力或武力来达到统治目的。

“册立太子”：赵匡胤通过合法和传统的方式确定了继承人，一方面符合当时社会对合法性和稳定性的期望，另一方面也显示了他对规范和公正的尊重。通过这种方式，他赢得了社会各界，尤其是士人和官僚的尊重和支持。

“推行考试制度”：这一制度的推行标志着他对才能和德行的重视，而不只依靠家世或权力来选拔官员。这样做不仅提高了政府机构的整体素质，也让更多有才华和德行的人有机会参与国家治理。这种以德服人的方式增强了政府的合法性和社会的凝聚力。

综上所述，赵匡胤的统治方式和政治选择在很大程度上体现了《道德经》第三十章的核心思想，尤其是在权力运用、与他人关系处理和个人德行方面。他成功地融合了道家思想，使得宋朝在其统治下实现了相对的和平与稳定。

总结：《道德经》第三十章主张以“道”治国，反对武力征服，强调君主要具备包容、智慧和自知之明。在现实中，许多国家和领导人成功地采用了这一理念，取得了显著的成果。以上几个案例表明，《道德经》的智慧不仅具有深刻的哲学价值，而且在现实生活中具有重大的应用价值。

第三十一章

夫唯兵者，不祥之器，物或恶之，故有道者不处。君子居则贵左，用兵则贵右。兵者，不祥之器，非君子之器，不得已而用之，恬淡为上。胜而不美，而美之者，是乐杀人。夫乐杀人者，则不可得志于天下矣。吉事尚左，凶事尚右。偏将军居左，上将军居右，言以丧礼处之。杀人之众，以悲哀泣之，战胜，以丧礼处之。

本章强调了战争的消极影响和道德观念在决策中的重要性，强调领导者应遵循“道”的原则，以和平为目标，避免不必要的战争。

首先，老子描述了兵器是“不祥之器”，意味着它不仅给人们带来灾难，还破坏了“道”的平衡。因此，那些遵循“道”的人不会主张战争。当“不得已”时，他们虽然会选择战争，但始终以“恬淡为上”。胜利的喜悦不应美化战争，因为战争意味着杀戮和痛苦。

例如在“二战”期间，虽然盟军合作战胜了纳粹德国，但这场战争造成了数千万人的伤亡。战争结束后，许多国家的领导人都表示，战争的胜利不能掩盖战争的惨痛代价。

又如越南战争。尽管美国在战争中取得了一些战术胜利，但这场战争最终导致了数百万人的死亡，并在美国国内引起了广泛的抗议。这些抗议者认为，战争的代价远远大于任何可能的收获。

在这些案例中，我们可以看到老子的智慧：战争不应被美化，胜利也不能掩盖其破坏性。因此，在处理国际关系时，领导者应遵循“道”的原则，寻求和平解决方案，避免战争带来的灾难。只有在“不得已”的情况下才应考虑使用武力，同时要时刻铭记战争的残酷和破坏性。

在当今世界，我们面临着各种挑战，如地缘政治紧张、恐怖主义和核扩散等。在处理这些问题时，领导者和决策者可以从老子的智慧中汲取灵感，优先考虑和平手段，以努力维护国际和平与稳定。

如伊朗核问题。通过多边外交努力，伊朗与国际社会达成了伊核协议，限制了伊朗的核计划。尽管协议的执行并非完美无缺，但它至少为解决潜在冲突提供了和平的解决途径。

此外，我们还可以从环境保护和气候变化等全球性问题中看到“道”的影响。面对这些挑战，国家和领导者需要团结一致，寻求共同的解决方案，而非相互争斗。我们可以通过相互合作应对全球危机，实现共同繁荣，这正是“道”的精神所在。

总结：《道德经》第三十一章强调了道的平衡原则在国际关系中的重要性，提醒我们遵循“道”的原则，以和平为目标，共同寻求解决问题的方法。在现实生活中，许多案例都反映出这一观念，提醒我们在处理问题时要遵循“道”的原则，避免战争和破坏，以实现社会和谐共存。

第三十二章

道常无名，朴虽小，天下莫能臣也。侯王若能守之，万物将自宾，天地相合，以降甘露，民莫之令而自均。始制有名，名亦既有，夫亦将知止。知止可以不殆。譬道之在天下，犹川谷之于江海。

在《道德经》第三十二章中，老子强调了“道”的朴素、无名的特点，以及遵循“道”的智慧将为国家治理带来和谐与平衡。以下是从哲学角度出发，结合现实案例进行分析。

首先，原文提道：“道常无名，朴虽小，天下莫能臣也”。在这里，老子强调“道”的本质是朴实无华的，并不需要任何华丽的名号。尽管“道”看似简单，但其智慧和力量却无法被征服。

其次，“侯王若能守之，万物将自宾”这句话表明，如果国家的领导者能遵循“道”的智慧，万物将自然臣服，国家将和谐繁荣。这意味着遵循“道”的智慧是实现国家治理成功的关键。

再次，“天地相合，以降甘露，民莫之令而自均”这句话，老子形象地描述了当国家的领导者遵循“道”时，天地自然“相和”，百姓安居乐业，社会自然达到平衡。

然后，“始制有名，名亦既有，夫亦将知止。知止可以不殆”这句话表明，在创立制度和命名事物时，我们需要知道何时止步，以避免过度干预和繁文缛节。知道何时止步是保持平衡和安全的关键。

最后，“譬道之在天下，犹川谷之于江海”。在这里，老子以川谷为喻，强调“道”的重要性和支撑作用。正如川谷是江海的源头，“道”也是天下万物的根本。

从现实生活中，我们可以看到一些国家实现了和谐繁荣，很大程度上是因为领导者遵循了“道”的智慧，尊重自然规律，关注民生福祉，实现了国家治理的平衡与稳定。例如，有些国家在环境保护、社会福利和民生保障方面做出了很好的举措，并取得了良好的效果。这些国家在很大程度上实现了人与自然、国家与民生之间的和谐共生。

在个人层面上，这一章的观点同样具有指导意义。我们应该学会在日常生活中遵循“道”的智慧，追求朴素、平衡、和谐的生活。如在消费观念上，我们应避免过度追求物质享受和名利，而是应关注内心的平和与满足；在人际关系中，我们应当尊重他人，保持平和、友善的态度，以实现和谐共处。

总结：《道德经》第三十二章从哲学角度阐述了“道”的朴素无名特质，以及遵循“道”的智慧对国家治理和个人生活的重要性。这些观点在现实生活中具有普遍的指导意义，无论是在国家治理，还是个人品行和生活态度方面，都能为我们提供重要而宝贵的启示。通过理解和实践这些观点，我们可以在国家治理中实现和谐繁荣，以及在个人生活中追求内心的平和与满足。

第三十三章

知人者智，自知者明。胜人者有力，自胜者强。知足者富，强行者有志。不失其所者久，死而不亡者寿。

本章主要论述了智慧、力量、财富、志向、持久和长寿的内涵及其实现方法。从哲学角度解读，我们可以得出以下理解。

“知人者智，自知者明”了解他人是一种智慧，但认识和了解自己则更为重要。只有了解自己的优点和不足，才能找到合适的发展方向，实现个人成长。在职场中，了解他人对于团队协作是非常有益的。然而，更重要的是了解自己的专长和不足，以便找到适合自己的职业定位，才能提高效率，更好地实现个人价值。

“胜人者有力，自胜者强”战胜他人需要力量，但战胜自己则需要更强的意志和毅力。只有做到自我克制和不断地提升自我，才能在困境中绝处逢生，成为真正强大的人。在体育竞技中，运动员需要战胜对手，但更重要的是战胜自己的懈怠和恐惧，努力提高自己的技能和心理素质，以赢得最后的胜利。如现实中许多人戒烟戒酒，最难战胜的就是自己，如果战胜不了自己，最终就会以失败告终，即是这个道理。

“知足者富”真正的富有不在于拥有物质财富的多

少，而在于内心的精神富足。只有学会了知足，才能体会到生活真正的快乐、幸福。许多成功的企业家在创业过程中，尽管面临物质匮乏，但因为对事业的热爱和对理想的信念，他们仍然心怀满足和幸福，依靠精神的追求支撑信念，最终实现了事业的辉煌。

“强行者有志”有志向的人敢于付诸实践，勇往直前。只有坚定自己的信念，勇敢追求目标，才能最终实现梦想。比亚迪董事长王传福半生坚持创新，勇攀科技巅峰，最终引领比亚迪成为世界著名汽车品牌，改变了全球的汽车科技产业格局，获得了国内外同行的尊重。

“不失其所者久”坚守本分，扎根本业，才能持久发展。在追求成功的过程中，始终保持初心和坚守原则，才能够取得长久的发展。可口可乐公司自创立以来，始终坚守发展饮料产业的初心，专注于产品品质和市场推广，最终成为全球最大的饮料企业之一。

“死而不亡者寿”生命的长寿不仅体现在生命的长短，更体现在精神的传承和影响力。一个人在世界上留下了一定的影响，他的精神便得以永存。马丁·路德·金在美国黑人民权运动中发挥了重要作用，他的演讲和行动为实现平等权利发挥了巨大的推动作用。尽管他已经离世多年，但他的精神仍在世界各地产生着深远的影响。

总结：《道德经》第三十三章强调了个体自省、自律、知足、志向、坚守本分和精神传承的重要性。这些道理在现实生活中得到了广泛的应用，为我们在个人成长、职业发展和人生价值实现等方面提供了极其有益的指导。只有在不断地自我反省、自我提升、自我满足、追求目标、坚守初心和精神传承的过程中，我们才能真正实现人生的价值和意义。

第三十四章

大道泛兮，其可左右。万物恃之以生而不辞，功成不名有，衣养万物而不为主，常无欲。可名于小，万物归焉而不为主；可名为大，以其终不自为大，故能成其大。

这一章主要阐述了“道”（大道）的无所不在、无为而成以及无私奉献的特点。它启示我们，应当以“道”的品质为人生指导，追求无私的和谦逊的态度。

“大道泛兮，其可左右”“道”的普遍性使其无所不在，它支持着万物生长，左右一切事物。就像自然界中的阳光无处不在，为生命提供温暖和能量，它无私地支持着万物生长，成为生命存在的基础。

“万物恃之以生而不辞，功成不名有”“道”无私地为万物提供支持，不求回报，不求名誉。完成事物的发展，却从不为自己树立功勋。对于一位杰出的领导者而言，他会以团队的利益为重，不寻求个人荣誉。他会关注团队成员的成长和发展，帮助他们实现目标，但永远不会把成功归于自己。

“衣养万物而不为主”“道”无私地滋养、保护万物，却从不试图成为它们的主宰。现实中，优秀的老师会毫无保留地传授知识和经验，帮助学生成长，但不会试图控制他们的人生。他们会给予学生自由，鼓励他们独立思考和探索未知世界。

“可名于小，万物归焉而不为主”“道”始终保持无欲无求的态度，这使其具有谦卑、“小”的品质。但同时，“道”能够容纳万物，却不主宰它们，这使其具有伟大的品质。一位谦逊的企业家，不以个人利益为重，始终关注客户需求和员工福祉。他所创立的公司虽然规模不大，但因为他的无私和谦卑，为公司赢得了市场的尊敬和信任，从而取得了可持续的成功而将公司发展得越来越好。

“可名为大，以其终不自为大，故能成其大”因为“道”从不自以为伟大，它才能够真正地成为伟大。这告诉我们，只有放下自我，才能实现真正的伟大。康德，一位杰出的哲学家，他说：“要按同时能够成为普遍法则的准则去行动。”他强调要放下自我，关注他人需求，这样才能真正获得成功。正是因为康德如此无私地分享并践行了他的见解和经验，他才成为一位具有世界影响力的伟大人物。

总结：道德经第三十四章以“道”的无私和包容性为中心，强调谦逊和无为。通过现实案例，我们可以更深入地理解这些观念在日常生活中的应用。在追求成功的道路上，我们应该以“道”为导向，充分发挥无私、谦卑和无为的精神，以达到更高的境界。

第三十五章

执大象，天下往，往而不害，安平泰。乐与饵，过客止。道之出口，淡乎其无味，视之不足见，听之不足闻，用之不足既。

本章强调“道”的重要性和无形特质，通过阐述“道”的作用，使人们认识到“道”的价值。同时，提醒人们要谨慎对待欲望和诱惑，以免迷失自我。

“执大象，天下往，往而不害，安平泰”这句话告诉我们，“道”是宇宙的法则和支配万物的根本原则。当人们遵循“道”的原则时，天下将会得到安宁和平衡。“大象”象征着“道”的伟大，人们纷纷前往寻求“道”的真理，因为道有利于万物而无害。在生态保护上，人类应该顺应自然，尊重自然规律，而不是过度开发和破坏。只有遵循“道”的原则，才能实现人与自然的和谐共生。

“乐与饵，过客止”这句话提醒我们，在追求欢愉和受到物质诱惑时要小心谨慎。“乐与饵”表示世间的诱惑和欢乐，它们可能会让人停下脚步，但不应沉迷其中。在个人成长过程中，面对诱惑，我们需要保持自律，专注于内心的道德修养。这样才能避免因欲望而导致迷失。

“道之出口，淡乎其无味，视之不足见，听之不足闻，用之不足既”这句话描述了道的无形、无味、无尽的特性，可以与许多自然现象和人类行为相对应，尤其是那些无形却无处不在的力量。例如，空气虽然看不见、闻不到，却无所不在，是宇宙万物的生源之源。在人际关系中，诸如理解、信任和同情这些抽象的情感也是无形的，构成了人际关系的基础。在艺术创造中，灵感的无形特性也可以视为“道”的体现，无处不在，却难以捕捉，促使艺术家创造出卓越的艺术作品。总体而言，“道”的无形特性在自然界、人际关系和艺术创造等方面有着具体的体现，这种无形的力量虽然难以捕捉，却在许多方面起着决定性的作用。

总结：通过对《道德经》第三十五章的解读，我们可以认识到“道”的重要性和无形的特点。“道”是宇宙的法则和支配万物的根本原则，我们应当遵循道的原则，以实现人类和宇宙万物和谐共生。同时，面对世间诱惑，我们需要保持自律，不沉迷于物质享乐。只有这样，我们才能真正体会到“道”的价值，实现个人成长和社会的进步。

第三十六章

将欲歙【xī】之，必固张之；将欲弱之，必固强之；将欲废之，必固兴之；将欲取之，必固与之。是谓微明，柔弱胜刚强。鱼不可脱于渊，国之利器不可以示人。

在《道德经》第三十六章中，老子强调了无为而治的哲学以及在对立面中寻求行事的策略与方法，强调了逆向思维和平衡性把握的重要性。以下从哲学角度出发，结合案例进行分析。

首先，“将欲歙之，必固张之”的含义是，如果你想要收缩或者削弱某物，你必须先让它扩张或者增长。这里的“歙”“张”代表的是收缩和扩大的过程。老子这样表述的目的在于，指出一切事物的发展都是有其周期性和规律性的。任何事物的生长、壮大必然会有一段收缩、衰退的过程，这是自然的规律，是人类无法逆转的。

其次，“将欲弱之，必固强之”的含义是，如果你想要削弱某物，你必须先强化它。在这里，老子再次强调了事物发展的矛盾性和规律性。如果过度强调或者过度追求某种事物，反而会使得这种事物变得弱小，过犹不及，过分的追求往往会导致相反的结果。

再次，“将欲废之，必固兴之”的含义是，如果你想要摧毁某物，你必须先抬举它。“将欲取之，必固与之”的含义是，如果你想要获得某物，你必须先给予它。这两句话再次强调了事物的发展和运动的规律性。老子通过这些话告诉我们，不能通过强硬的、直接的方式来达到我们的目标，而是要适应事物的发展规律，去顺应自然，通过“无为而治”的方式，让事情自然地发展。

最后，“是谓微明，柔弱胜刚强。鱼不可脱于渊，国之利器不可以示人”在这里，老子把前面所讲的理论概括为“微明”，也就是微妙的智慧。同时，他提出“柔弱胜刚强”的原则，这是他的核心理论之一，也就是说在许多情况下，柔和、弱小反而能够战胜强硬、强大。他还提醒人们，正如鱼不能离开水，国家的利器，极其重要的刑法和策略，不能轻易地展示给别人。

在中国历史上，三国时期的刘备是一个很好的例子，可以体现老子在《道德经》第三十六章中的哲学理念。他的一生，几乎就是对这种“微明”哲学的实践过程。

刘备在早年时期并没有什么名气，甚至被人视为草莽之辈。他的力量弱小，没有足够的地盘和兵力，而他面对的则是诸如曹操、孙权这样的强大势力。然而，正是因为他的柔弱，使他能够以更加具有韧性的方式来处理与这些势力的关系。他并没有选择直接对抗，而是采用了联盟的策略，先后与孙权、曹操等人结盟，从而保护了自己的安全，也积累了自己的实力。

同时，刘备以仁义为根本，以包容和招纳为手段，吸引了一批才能出众的人。他也采取了“以德服人”的策略，让自己的势力逐渐壮大，最后建立了蜀汉。在这个过程中，刘备虽然看似是弱者，但是他通过“微明”的策略，顺应事物发展的规律，最终赢得了“三分天下有其一”的局面，成为一方霸主。他的一生，完全符合老子的哲学理念，即“将欲歙之，必固张之；将欲弱之，必固强之；将欲废之，必固兴之；将欲取之，必固与之”。

总结：《道德经》第三十六章从哲学角度阐述了无为而治的观理念以及在对立面中寻求平衡的重要性。这些观点在现实生活中具有普遍的指导意义，无论是在谈判、解决问题，还是改革创新和处理人际关系方面，都能为我们提供重要而宝贵的启示。通过理解和实践这些观点，我们可以更好地处理复杂的问题，实现和谐共赢。

第三十七章

道常无为而无不为。侯王若能守之，万物将自化。化而欲作，吾将镇之以无名之朴。无名之朴，夫亦将无欲，不欲以静，天下将自定。

在《道德经》第三十七章中，老子强调了“道”的无为而治特性以及如何通过守道来实现天下和谐。以下是从哲学角度出发，结合现实案例进行分析。

首先，“道常无为而无不为”这句话说明“道”本身不刻意去做任何事情，但却无所不包、无所不能。这是一种超然的存在状态，表达了“道”的本质特征。

其次，“侯王若能守之，万物将自化”告诉我们，如果统治者能够遵循“道”的原则，万物将自然达到和谐的状态。这强调了统治者在治理国家时应以“道”为准则，实现无为而治。

再次，“化而欲作，吾将镇之以无名之朴”。在这里，老子指出，当事物自然发展时出现了欲望和行动，应当用“无名之朴”来抑制它们。“无名之朴”代表了一种简单、朴素的生活态度，有助于回归本真、消除欲望。

然后，“无名之朴，夫亦将无欲”这句话进一步阐述了“无名之朴”的作用，就是让人们无欲无求。这是一种对内心平静和满足的追求，有助于实现个人和社会的和谐。

最后，“不欲以静，天下将自定”这句话总结了整章的主旨，即通过无欲的心态和宁静的境界来实现天下和谐。这表达了一种理想的社会状态，强调了个人内心的修养对社会的重要影响。

从现实生活中，我们可以看到许多成功的领导者在治理国家、管理企业时都运用了这种理念。例如，在领导和管理中，一个明智的领导不会过度干预和控制，而是遵循一种“无为”的原则，允许事物自然发展和成长。他们通过理解和引导，而不是通过强迫来实现目标。

总结：《道德经》第三十七章从哲学角度阐述了“道”的“无为而治”特性，以及如何通过守道来实现天下和谐。这些观点在现实生活中具有普遍的指导意义，无论是在国家治理、企业管理，还是个人成长方面，都能为我们提供重要而宝贵的启示。通过理解和实践这些观点，我们可以更好地汲取“无为而治”的智慧，达到内心的平静和满足，以及实现社会和谐。

下篇　德经

第三十八章

上德不德，是以有德；下德不失德，是以无德。上德无为而无以为，下德无为而有以为。上仁为之而无以为，上义为之而有以为，上礼为之而莫之应，则攘臂而扔之。故失道而后德，失德而后仁，失仁而后义，失义而后礼。夫礼者，忠信之薄而乱之首。前识者，道之华而愚之始。是以大丈夫处其厚，不居其薄；处其实，不居其华。故去彼取此。

在《道德经》第三十八章中，老子阐述了道德的不同层次，强调了真正的道德是无为且无须表现的。以下从哲学角度出发，结合现实案例进行分析。

首先，“上德不德，是以有德；下德不失德，是以无德”这句话揭示了道德的两种层次。“上德”指真正的道德，因为它无为而无须表现，所以具有道德；而“下德”则是表面的道德，由于追求表现，所以失去了真正的道德内涵。

其次，“上德无为而无以为，下德无为而有以为”进一步阐述了“上德”和“下德”的区别。“上德”不刻意去做任何事情，因此无须表现；“下德”虽然也无为，但却有表现的意图。

第三，“上仁为之而无以为，上义为之而有以为”

这句话比较了“仁”和“义”的差别。“上仁”指真正的仁爱，它是自然流露的，无须刻意表现；而“上义”则需要表现，因为它追求的是一种道德标准。

第四，“上礼为之而莫之应，则攘臂而扔之”这句话批评了过分强调礼仪的做法。当礼仪没有得到回应时，人们往往会放弃礼仪，暴露出真实的面目。

第五，“故失道而后德，失德而后仁，失仁而后义，失义而后礼”。在这里，老子总结了道德层次的递减顺序，从“道”到“德”，再到“仁”“义”“礼”，逐渐失去本真。

“夫礼者，忠信之薄而乱之首”这句话指出了道德表象的薄弱往往导致过分依赖礼仪甚至会成为社会混乱的根源。当人们过分强调礼仪而忽视了真诚、诚信等内在品质时，表面的和谐往往掩盖了内心的虚伪和不真诚。这种过度依赖礼仪的现象可能导致人们在处理人际关系时失去真实和内在的道德品质。

“前识者，道之华而愚之始”这句话警示我们，过分追求表面的知识、技巧和才能（即“前识”），往往会使人陷入虚荣、炫耀的误区，这是愚昧的开始。在追求知识和技能时，我们应该更注重内在的智慧和道德品质，而非仅仅追求外在的成就和荣誉。

最后，“是以大丈夫处其厚，不居其薄；处其实，不居其华。故去彼取此”这句话强调了一个真正有道德的人应该关注内在的本质而非外在的表象，追求真实、厚重的品质，而不是虚浮、华美的外表。

现实生活中，我们可以在很多方面看到这些观点的体现。在人际关系中，一个真正善良的人会自然而然地对他人友善，而不是为了表现而刻意做好事。同样地，在工作中，一个真正有能力的员工会关注工作本身的质量和成果，而不是过于追求外在的成就和荣誉。

总结：这一章节的启示在个人成长和社会发展中具有很重要的指导意义。我们应该追求内在的真实、厚重的品质，避免过分关注外在的表现和形式。通过这种方式，我们可以更好地发展自己，实现内心的满足，并为社会的和谐稳定作出贡献。

第三十九章

昔之得一者：天得一以清，地得一以宁，神得一以灵，谷得一以盈，万物得一以生，侯王得一以为天下贞。其致之，天无以清，将恐裂；地无以宁，将恐发；神无以灵，将恐歇；谷无以盈，将恐竭；万物无以生，将恐灭；侯王无以贵高，将恐蹶【jué】。故贵以贱为本，高以下为基。是以侯王自谓孤、寡、不毂【gū】，此非以贱为本邪？非乎？故致数舆【yù】无舆。不欲琭琭【lù】如玉，珞珞【luò】如石。

本章主要论述了“道”的原则在天地自然、神灵庇佑、谷物丰饶、万物生长和国家治理中的重要性。

“昔之得一者：天得一以清，地得一以宁，神得一以灵，谷得一以盈，万物得一以生，侯王得一以为天下贞。”这句话表明，在宇宙中，一切事物都是通过遵循“道”的原则（即“一”）而得以存在。天地自然、神灵庇佑、谷物丰饶、万物生长、国家治理，都是因为它们都遵循了“道”的原则，从而保持了社会和谐与秩序稳定。

“其致之，天无以清，将恐裂；地无以宁，将恐发；神无以灵，将恐歇；谷无以盈，将恐竭；万物无以生，将恐灭；侯王无以贵高，将恐蹶。”这句话说明了如果失去了“道”的原则，一切事物都将陷入混乱。无论是自然的宁静、神灵的神秘性、物产的丰富性、生物的繁荣性，还是国家的稳健秩序，都将无法维持现有的状态。

“故贵以贱为本，高以下为基。”这句话强调了要想保持社会和谐与秩序稳定，必须要遵循“道”的原则，即从“贱”出发，以“下”为基础。也就是说，在生活中我们应该重视、敬畏、尊重自然规律和社会道德原则。

“是以侯王自谓孤、寡、不谷。”这句话表明，一个明智的领导者（如“侯王”）会自称孤、寡人、不毂，以此表示他们敬畏并尊重“道”的原则。

“此非以贱为本邪？非乎？”这句话是对前面的观点的强调，进一步说明统治者要以谦逊为基础，以“道”的原则为导向，从而实现国家的和谐与秩序的稳定。

“故致数舆无舆。”这句话表达了一个道德观念：真正的价值并非来自名声和地位，而是来自内心的修养和道德品质。这也提醒我们要关注内在的价值，而非过于追求外在的名利。

“不欲琭琭如玉，珞珞如石。”这句话警示我们不要过分追求名誉和地位，就如同不追求像玉石一样显赫的身份，反而珍视像石头一样朴实无华的品质。这也再次强调了“道”的原则在个人修养和价值观念中的重要地位。

在当今社会，很多企业领导人认识到了敬畏道德原则的重要性。比如，任正非、王传福、曹德旺等企业家在领导团队时，会强调务实、诚信和对员工的关爱，而不是过分追求个人的名利和地位。这种领导方式有助于企业长期稳定地发展，也为员工创造了良好的工作氛围。

总结：《道德经》第三十九章主要讲述了“道”的原则在天地自然、神灵庇佑、谷物丰饶、万物生长和国家治理中的重要性。同时，强调了统治者应以谦逊为基础，敬畏和尊重“道”的原则，以实现国家的和谐与秩序。在现实生活中，这些观点对我们的个人修养和价值观念的建立以及对企业、组织的领导和发展都具有重要的指导意义。

第四十章

反者，道之动。弱者，道之用。天下万物生于有，有生于无。

在本章中，老子阐述了道家哲学的重要原则——“反者道之动，弱者道之用”。本文将从哲学角度解读这一章的内涵，并结合现实案例，探讨其在生活中的应用。

“反者，道之动”这句话的意思是，“道”常以相反的方向作用，生命和万物的发展、演变常在逆境中而行。这一原则不仅体现在人类社会和个体生活中，更是自然界和整个宇宙的运行法则。在现实生活中，逆境往往能激发出人们更强大的力量，促使其成长。例如，企业家史玉柱在公司面临破产时，通过创新和坚持走出困境，取得了巨大成功。在个人层面上，一个曾被视为学渣的学生，因挫折而激发斗志，最终考入自己理想的大学。此外，这一原则在自然界也有所体现，如季节的变换、潮汐的涨落，都是按照相反的方向运动，维持了自然的和谐与平衡。这样的案例告诉我们，无论是自然界还是人类社会，“反者，道之动”是一个普适的原则，揭示了在逆境中的成长和相反方向的运动有时是实现秩序稳定、自然和谐和取得成功的最佳途径。

现实生活中还有许多这样的例子。我们经常看到，那些在逆境中成长的人，最终往往能够取得更大的成功。这是因为在困难的境遇中，人们容易激发出无尽的潜力。一位曾经被视为学渣的学生，在饱受打击后反而变得更加刻苦努力，最终考上了理想的大学。这样的案例告诉我们，逆境中的成长有时是成功的最佳途径。

“弱者，道之用”意味着“道”用弱小的力量，柔和、顺从的方法来实现自己的目的。这句话启示人们在生活中要学会柔和、顺从，善于利用弱小的力量。在现实生活中，我们常常可以看到，那些看似弱小的力量，顺应事物的发展变化，最终成就了伟大。例如，水之柔弱，但以其柔顺的特性，可以穿石而过。又如杨树枝条，它们柔弱，但在风中摇曳，却不易折断，展现出了柔弱之美。

同样地，懂得利用柔弱之力的人在生活中也能够取得丰硕的成果。如在团队合作中，一个善于倾听他人意见的领导者，虽然可能不是最强大的人，却能够带领团队走向成功。这是因为他懂得利用柔弱之力，懂得和理解团队成员的需求，最大限度地发挥团队的整体实力。这种柔弱之力在生活中的应用，有时甚至比强硬的态度更能够解决问题。

“天下万物生于有，有生于无”这句话的意思是“有生万物，无中生有”。老子在逻辑上解决了物质的起源问题，同时为我们提供了一个哲学命题——“无中生有”。

总结：《道德经》第四十章从哲学角度阐释了道家哲学的核心理念——逆境中的成长与柔弱之力。这两个理念在现实生活中有着广泛的应用，可以帮助人们在面临困境时，释放出自身的潜能，勇敢地迎难而上，同时教导人们在生活中要懂得柔和，善于利用弱小的力量，达到成功的目的。

第四十一章

上士闻道，勤而行之；中士闻道，若存若亡；下士闻道，大笑之，不笑，不足以为道。故建言有之："明道若昧，进道若退，夷道若纇【lèi】，上德若谷，大白若辱，广德若不足，建德若偷，质真若渝，大方无隅【yú】，大器晚成，大音希声，大象无形。"道隐无名，夫唯道，善贷且成。

在这一章中，首先，老子首先提到了三种不同层次的人对"道"的认识和体验。"上士闻道，勤而行之"，这种人深刻理解"道"的精神，努力实践"道"的原则。"中士闻道，若存若亡"，这种人对"道"有所了解，但不能全心全意地投入其中。"下士闻道，大笑之"，这种人对"道"一无所知，甚至认为"道"荒谬可笑。

在现代社会，有些人能够深刻理解道家思想，并在生活中积极实践，例如遵循自然、克己奉公、无私奉献等。这些人往往能够在物质和精神上都拥有丰盈的收获。而有些人虽然听过道家思想，但不能全面理解和践行，他们对于"道"的认识和体验仍显不足。还有一些人对道家思想不理解，甚至嘲笑和排斥它。

其次，老子描述了道的特性。"明道若昧，进道若退，夷道若纇"，这些矛盾的描述表达了"道"的神秘性和无法用言语来形容的特点。“明道若昧，进道若退，夷道若颣”是一句充满哲理的描述，深刻揭示了“道”的本质特性。其中，“明道若昧”表达了明了的“道”反而表现得模糊不清，揭示了“道”的深奥之处；“进道若退”反映了深入理解“道”的过程反而似乎是在退后，展现了“道”的超越性，越想抓住越感觉遥远；“夷道若颣”反映了简单、平坦的道反而表现得复杂难懂，象征了“道”的复杂性和深奥的智慧。这三句看似矛盾的描述共同构成了对“道”的独特诠释，展现了“道”的不可言说和神秘性。虽然“道”可能明了、进展、平坦，但其真实的本质却是难以用言语来捕捉和描述的，充满了深远和复杂的内涵。

在科学研究中，科学家往往在探索未知领域时，会发现越来越多的问题和困惑。正是这些未知和困惑，激发了科学家不断探索的动力。“道”的神秘性和无法言喻的特点，正是激发人们探索真理的动力源泉。

最后，老子强调了“道”在个人修养和社会生活中的重要性。“上德若谷，大白若辱，广德若不足，建德若偷，质真若渝”，这些表述告诉我们，在“道”的修行过程中，我们应该保持住一些应有的品质，即使它们表面上看起来并不完美。“建德若偷”“建”是强健有力。勇猛精进就叫建德。德行上越是勇猛精进，看起来就越像在偷懒；越是不在德行上下功夫，追名逐利，看起来就越像是非常精进。社会上有很多这样的人，他们到处奔走，整天像蜂蚂蚁（长了翅膀的蚂蚁，跟蜜蜂有点像）那样忙忙碌碌，虽然看似做了很多事情，但是没有德行，只是在追名逐利。真正精进的、有大德行的人，看起来像在偷懒。为什么？因为有些事他们不愿去做，如请客、喝酒、娱乐等。这些事，别人觉得该做，他们却不做，所以他们看起来很消极，很懒惰。实际上，这种人往往是真正在德行上用功的人，因为他们学会了拒绝。人就应该拒绝一切应该拒绝的东西，守护自己最想守护的东西，用生命去成就自己，不去迎合世界。“质真若渝”，“质”是质朴，“真”是本来之物——也就是我们所说的真心，“质真”就是生命中本有的、最质朴的面目，“渝”则是浑浊的意思，水由清变浑，就叫渝。当一个人非常质朴，有智慧显现，有一片真心的时候，他看起来就会有些混沌、糊涂。因为他明白“水至清则无鱼”，不会把世界看得太清楚，不值得看的不去看，让万物都有自己的空间。这就是难得糊涂。

“‘大方无隅，大器晚成，大音希声，大象无形。’道隐无名，夫唯道，善贷且成。”最方正的东西，反而没有棱角；最大的声响，反而听来无声无息；最大的形象，反而没有形状。“道”幽隐而没有名称，无名无声。只有“道”，才能使万物得以生长和发展，善始善终。

中国历史上有很多大器晚成而受人敬仰的人物，比如近代史上，被人誉为“千古第一完人”的曾国藩。他并不像其他伟大的人物一样是个神童，反而更像个笨小孩。

有一天晚上有一个小偷悄悄地爬到了他家房梁上，而年幼的曾国藩正在背诵一篇有几百个字的文章。小偷就想孩子背诵完了就会去睡觉，等他睡着了，再出来偷东西也不晚。结果就这么一篇小小的短文，曾国藩背了几十遍都没有背下来。这个时候小偷实在忍不住了，干脆从房梁上跳了下来，走到曾国藩的面前，对着已经被吓傻的曾国藩一字不差地把刚才的文章背了一遍，然后扬长而去。

小时候的曾国藩还不如小偷聪明，可是他虽然不聪明却有着勤奋、刻苦、坚韧的精神，最后在个人修养、家风家教、为人处世、道德文章、带兵打仗等方面都取得了杰出的成就。

人们就送出一副对联给他“立德立功立言三不朽，为师为将为相一完人”，意思是说他在各方面都很完美，是后人做人做事的榜样。

总结：《道德经》第四十一章深入挖掘了现象与本质的矛盾统一关系，通过对“道”的哲学探讨，展示了不同层次的人对“道”的不同体验和理解。本章不仅强调了“道”的神秘性和无法言喻的特质，还突出了其在人们的个人修养和社会生活中的核心作用。它揭示了一种超越常识和表象的智慧，引导我们在复杂的现实世界中寻找真实和平衡。对这一章的思考促使我们重新审视自身的道德品质和生活质量，以便更深入地理解和实现人与自然、人与社会、现象与本质之间的和谐统一。

第四十二章

道生一，一生二，二生三，三生万物。万物负阴而抱阳，冲气以为和。人之所恶，唯孤、寡、不毂，而王公以为称。故物，或损之而益，或益之而损。人之所教，我亦教之："强梁者不得其死。"吾将以为教父。

本章中，老子以独特的哲学观点阐述了道家的核心思想——万物生成，来源于道。

我们先要理解这个章节的基本观点。在这里，老子主张道生了"一"，"一"生了"二"，"二"生了"三"，"三"生了"万物"，并强调"万物负阴而抱阳，冲气以为和"。接下来，我们将逐一分析这些观点的哲学内涵。

首先，"道生一，一生二，二生三，三生万物。"这个观点揭示了宇宙生成和发展的过程。"道"是宇宙的根本原理，它孕育出"一"（太极），"一"分为"二"（阴阳），"二"生"三"（阴、阳中和之气），"三"生"万物"（阴阳中和之气孕育出万物）。这种观念反映了道家宇宙观中的阴阳学说，认为阴阳是构成宇宙万物的基本要素，它们相互作用、相互制约，推动宇宙的发展。在自然界，阴阳相互作用的现象无处不在。例如，昼夜交替、四季变换，都是阳光与阴影、热与寒的交织作用所产生的现象。正是因为阴阳的协调与制衡，自然界才能保持和谐稳定。

其次，“万物负阴而抱阳，冲气以为和。”这个观点强调了阴阳在万物中的地位和作用。万物都是在阴阳对立统一的基础上生成和发展的，它们“负阴而抱阳”，形成一种“冲气”（指阴阳之气的互相冲击与融合），达到和谐的状态。这种观念表明，阴阳的平衡与调和是事物发展的关键。在现代社会，阴阳的平衡与调和具有重大现实意义。如在企业管理中，领导者需要平衡和调和企业内部种种矛盾和冲突，使得各类利益和需求在相互制约与融合中，达到一种和谐的状态。在这个过程中，企业的发展战略、团队协作与人际关系等方面都需要充分考虑阴阳的平衡，以实现企业持续、稳定地发展。

总结：通过以上的解读和现实案例，我们可以看到，《道德经》第四十二章所表达的哲学观点具有深刻的启示意义。“道生一，一生二，二生三，三生万物”这一观点阐述了宇宙生成和发展中的道家思想，揭示了阴阳作为宇宙万物基本要素的地位；而“万物负阴而抱阳，冲气以为和”则强调了阴阳平衡与调和在事物发展中的重要性。这些观点在古代和现代社会中都有着广泛的应用价值，为我们提供了一种理解和处理事物发展的独特视角。从宏观的自然界到微观的社会现象，阴阳的平衡与调和始终是实现和谐、稳定与发展的关键。我们借鉴这一哲学观点，不仅可以在自然科学研究中探究宇宙万物的规律，还可以在现实生活中应用于处理人际关系、企业管理等方面的问题，以达到事物的和谐稳定发展。

第四十三章

天下之至柔，驰骋天下之至坚，无有入无间。吾是以知无为之有益。不言之教，无为之益，天下希及之。

在这一章中，老子主要阐述了柔弱与坚强的关系以及“无为”与“不言”的哲学观点。我们将从以下几个方面展开解读，并结合现实案例加以说明。

首先，“天下之至柔，驰骋天下之至坚。”老子在这里强调了柔弱与坚强的辩证关系，认为柔弱能够克服坚强。这种观点揭示了事物之间的相互依存、相互转化的规律，为我们提供了一种解决问题和摆脱困境的独特视角。

在现代企业管理中，领导者往往需要在坚强和柔弱之间找到平衡。一个好的领导者既要有坚强的决心和执行力，也要具备与员工沟通和协作的柔性能力。通过柔性的沟通和关怀，领导者可以赢得员工的信任和支持，从而实现团队目标。这一现象正好体现了老子所言的“天下之至柔，驰骋天下之至坚”。

其次，“无有入无间，吾是以知无为之有益。”老子在这里进一步阐述了“无为”的哲学观点。他认为，在很多情况下，不采取过多的干预和强制措施，反而能够取得更好的效果。这种观点体现了道家对自然规律的尊重以及对事物发展的辩证法思维。

在教育领域，过度干预孩子的学习和生活可能会导致孩子产生逆反心理，影响其正常发展。相反，给予孩子适当的自主权和空间，尊重他们的兴趣和个性，往往能够激发他们的潜能和创造力。这一现象正好印证了老子所言的“无有入无间，吾是以知无为之有益”。

最后，“不言之教，无为之益，天下希及之。”老子在这里强调了“不言”的教育方式和“无为”的益处。他认为，通过言传身教、以身作则的方式来教育他人，往往能够取得更好的效果。同时，“无为”也能带来实质性的益处。这种观点体现了道家对道德教化的重视，以及对自然和谐发展的追求。

在家庭教育中，父母通过自己良好的行为为孩子树立榜样，往往比单纯的口头教导更加有效。当孩子看到父母勤奋工作、诚实守信时，他们会自然而然地学会这些品质。同时，给孩子足够的自由，让他们在实践中学习和成长，也有助于培养他们的独立性和创新能力。这种教育方式正好体现了老子所言的“不言之教，无为之益，天下希及之”。

总结：通过以上解读和现实案例分析，我们可以看到，《道德经》第四十三章所表达的哲学观点具有深刻的智慧。“天下之至柔，驰骋天下之至坚”，揭示了柔弱与坚强的辩证关系；“无有入无间，吾是以知无为之有益”阐述了“无为”的哲学观点；而“不言之教，无为之益”则强调了“不言”的教育方式和“无为”的益处。这些观点在古代和现代社会中都有着广泛的应用价值，为我们提供了一种理解和处理事物发展的独特视角和方法。

第四十四章

名与身孰亲？身与货孰多？得与亡孰病？是故甚爱必大费，多藏必厚亡。知足不辱，知止不殆，可以长久。

在这一章中，老子主要阐述了名誉、财富与生命之间的关系以及如何在人生中追求平衡与和谐。我们将从以下几个方面展开解读，并结合现实案例加以说明。

首先，“名与身孰亲？身与货孰多？得与亡孰病？”老子通过提问的方式引导我们反思名誉、财富与生命之间的价值关系。生命与名誉相比，显然生命更加珍贵。同样地，生命与财富相比，生命的价值也更为重要。“得”与“亡”相对，指我们在追求名誉和财富时可能付出的代价以及可能面临的危险。这些问题暗示了我们在人生中应该正确判断名誉、财富与生命之间的价值关系，把握好自己的追求方向。

现实中，许多成功人士在事业发展的过程中，往往过分追求名誉和财富，忽视了身体健康和家庭幸福。当他们面临健康危机或家庭破裂时，才意识到健康和家庭的重要。这些现实例子正好印证了老子所提出的问题。

其次，“是故甚爱必大费，多藏必厚亡。”老子在这里进一步阐述了过度追求名誉、财富所带来的后果。过分痴迷于名誉会导致巨大的精神和物质消耗，而贪图财富则可能导致人陷入危险。这些观点告诉我们在人生中，过度追求物质享受和社会地位往往会带来负面影响。

在金融领域，一些投资者为了追求高回报，过度投资高风险的金融产品，最终可能导致巨大的财产损失。这一现象也正好体现了老子所言的“多藏必厚亡”。

最后，“知足不辱，知止不殆，可以长久。”老子在这里给出了解决问题的方法，即“知足”和“知止”。“知足”意味着满足于已拥有的名誉、财富和生活状态，不过分追求更高的地位和更多的财富；“知止”则是指在适当的时候停止追求，避免陷入过度消耗和危险的境地。这些观点提倡我们在人生中追求平衡与和谐，以实现长久的幸福和安宁。

刘邦，西汉的开国皇帝，以其平民出身和高明的政治手腕著称。他的一生和统治方式在很大程度上体现了《道德经》第四十四章中的“名与身孰亲？身与货孰多？得与亡孰病？”等观点。

首先，刘邦在与项羽的楚汉之争中，展示了“名与身孰亲”的明智之举。项羽追求声势和名声，火烧阿房宫以示威，但刘邦则更注重实际的战局和政治局势。他没有过分追求名声或标榜自己，而是以灵活、务实的手段和长远的战略规划，最终成功建立了汉朝。刘邦的成功在于他灵活务实的治国和用人手段以及深远的战略眼光。在楚汉之争中，他充分发挥了人才，如智谋之士张良、陈平和范增以及勇猛的将领韩信和彭越的优势。他善于将这些人才放在最合适的位置，以发挥其优势。此外，刘邦并没有急于与项羽展开决战，而是先确保了关中地区的稳定，并在那里积累了必要的物资和人力，为后续的战争奠定了基础。他还精妙地运用了心理战术，如通过赋诗“破釜沉舟”，以鼓舞己方士气并让敌人重新评估他的能力。在胜利后，刘邦没有走向极端，避免了对将领的清洗和对百姓的严重徭役，从而在统治初期赢得了广泛的民意支持。这些因素共同体现了他以灵活、务实的手段和长远的战略规划成功建立了汉朝。

再次，“身与货孰多，得与亡孰病？”刘邦在统治时期展示了对这一问题的深刻认识。他的经济政策重视农业，减轻赋税，这旨在维护社会稳定而非追求极端的财富积累。对于外战，他通常选择和邻国达成和约，而非不计代价地扩张疆土，这同样显示了他在得与亡之间作出了明智的权衡。

最后，“是故甚爱必大费，多藏必厚亡。知足不辱，知止不殆，可以长久。”刘邦在位时并没有过度追求豪华和奢侈，也没有大规模征战，以致耗尽国力。他懂得何时应该停下，何时应该满足，从而保持了国家的长久稳定和发展。尤其在他去世后，他的政治遗产和制度安排确保了西汉的持久和平与繁荣。

综上所述，刘邦的政治智慧和明智决策在多个方面都与《道德经》第四十四章的教诲相吻合，特别是在处理名与身、多与少、得与亡这些基本的人生和政治问题时体现得尤为明显。他的成功不仅是政治和军事上的成功，更是道德和智慧的成功。

总结：《道德经》第四十四章深刻探讨了名誉、财富与生命之间的价值关系，并强调了人生追求的平衡与和谐的重要性。老子通过独特的提问方式，引导人们反思人生的根本价值，强调生命的珍贵超越了名誉和财富。他警告过度追求名誉和财富可能带来的消耗和危险，并主张“知足”和“知止”的生活智慧，以实现人生的长久幸福和安宁。

第四十五章

大成若缺，其用不弊。大盈若冲，其用不穷。大直若屈，大巧若拙，大辩若讷。躁胜寒，静胜热，清静为天下正。

在这一章中，老子主要探讨了事物的矛盾性以及清静的哲学观念。我们将从以下几个方面展开解读，并结合现实案例加以说明。

首先，“大成若缺，其用不弊。大盈若冲，其用不穷。”老子在这里提出了事物之间的矛盾统一观念。他认为，事物在达到最完美状态时，反而可能显得有所不足，但这并不妨碍它的使用价值；同样地，事物在充盈到极致时，反而可能表现出一种空虚的状态，但其潜力却是无穷的。这一观点揭示了事物的发展往往具有辩证的性质。

在艺术领域，许多伟大的艺术作品往往在细节上留有一定的“缺陷”，但这恰恰是它们独特魅力的来源。这种现象正好印证了老子所言的“大成若缺，其用不弊”。

其次，“大直若屈，大巧若拙，大辩若讷。”老子在这里进一步阐述了事物之间的矛盾统一观念。他认为，在某种程度上，最正直的表现可能看起来像是弯曲的，高超的技艺可能表现得像是笨拙的，而雄辩的表达可能看似迟钝。这些观点强调了事物的表面现象与本质往往存在着矛盾，我们需要在实践中揭示事物的真实面目。

在人际交往中，有时我们会遇到表面上看似冷漠、不善言辞的人，但当深入了解后，会发现他们实际上拥有真诚的品质和深刻的智慧。这一现象正好体现了老子所说的“大直若屈”“大辩若讷”。

最后，“静胜于躁，寒胜于热，清静为天下正。”老子在这里提出了清静的哲学观念。他认为，静态胜过动态，冷静胜过热情。这一观点强调了清静状态对于事物发展的重要性。老子认为，清静是天下的正道，意味着在宁静、平和的状态下，事物更容易达到和谐与平衡。

在日常生活中，许多人通过冥想、瑜伽等方式来实现内心的平静，从而更好地应对压力和挑战。这种追求清静的行为恰好印证了老子所说的“躁胜寒”。

在商业决策中，冷静的思考和审慎的态度往往能帮助企业家做出更明智的决策。与之相反，盲目的热情和冲动的行为往往容易导致造成失误和风险。这一现象正好体现了老子所说的“静胜热”。

总结：通过以上解读和现实案例的分析，我们可以看到，《道德经》第四十五章所表达的哲学观点具有深刻的智慧。“大成若缺，其用不弊。大盈若冲，其用不穷”揭示了事物的矛盾统一观念；“大直若屈，大巧若拙，大辩若讷”强调了事物表面现象与本质之间的矛盾；“躁胜寒，静胜热。清静为天下正”则提出了清静的哲学观念。这些理念在古代和现代社会中都有着重要的应用价值，值得我们深刻理解并应用在现实中。

第四十六章

天下有道，却走马以粪；天下无道，戎马生于郊。祸莫大于不知足，咎莫大于欲得。故知足之足，常足矣。

在这一章中，老子主要阐述了“道”的存在、知足的哲学观念以及人类欲望的危害。我们将从以下几个方面展开解读，并结合现实案例加以说明。

首先，“天下有道，却走马以粪；天下无道，戎马生于郊。”这一句深刻揭示了道德秩序对社会和平与稳定的重要性。在道德得到尊重的社会，和平与宁静盛行，战马不再用于战斗，而是转用于耕作。在失去道德指导的社会，将充斥着战争和动荡，战马在郊外被培育，准备战斗。这不仅强调了“道”的重要性，还警示了我们需在生活中追求道德的和谐与平衡，以维护社会的稳定和人类的福祉。

在历史上，许多国家和地区在实现政治稳定、道德观念普及的情况下，民众生活安定，经济繁荣，而在道德沦丧、社会无序的时期，战乱和动荡不断。这些现象正好印证了老子所言的“天下有道，却走马以粪；天下无道，戎马生于郊”。

其次，“祸莫大于不知足，咎莫大于欲得。”老子在这里提出了知足的哲学观念。他认为，最大的祸患来自不知足，最大的过错莫过于贪得无厌。这一观点强调了知足在个人幸福和社会和谐中的重要性，以及过度的欲望对人类福祉的破坏。

在现代社会中，许多人过度追求物质财富和社会地位，这导致他们忽视身体健康、家庭关系以及心灵的满足。最终，这些人往往陷入焦虑和痛苦的境地。与之相反，那些懂得知足的人往往过着更幸福、更和谐的生活。这些现象正好印证了老子所说的“祸莫大于不知足；咎莫大于欲得”的结论。

最后，“故知足之足，常足矣。”老子在这里进一步强调了知足的价值。他认为，懂得知足的人会始终觉得满足，因为他们珍惜现有的一切，感恩生活中的点点滴滴。这一观点告诫我们要珍视现有的幸福，培养感恩之心，从而在生活中找到真正的快乐和内心的安宁。

在企业管理中，那些懂得知足的企业家往往能够更好地平衡企业的利益和员工的福祉。他们关注员工的需求，尊重员工的价值，从而创造出一个和谐、高效的工作环境。这种做法正好印证了老子所说的“知足之足，常足矣”。

总结：通过以上解读和现实案例分析，我们可以看到，《道德经》第四十六章所表达的哲学观点具有深刻的智慧。“天下有道，却走马以粪。天下无道，戎马生于郊”揭示了“道”的存在对社会秩序的影响；“祸莫大于不知足；咎莫大于欲得”强调了知足的重要性以及过度欲望对人类福祉的危害；“故知足之足，常足矣”则进一步强调了知足的价值。这些观点在古代和现代社会中都有着非常重要的应用价值，我们应该深刻领悟并在实际生活中践行。

第四十七章

不出户，知天下；不窥【kuī】牖【yǒu】，见天道。其出弥远，其知弥少。是以圣人不行而知，不见而名，不为而成。

在这一章中，老子主要阐述了对事物认识的哲学观念，强调内在智慧和无为的重要性。我们将从以下几个方面展开解读，并结合现实案例加以说明。

首先，“不出户，知天下；不窥牖，见天道。”老子在这里提出了一种内在智慧的观念。他认为，人们并不需要亲身经历世界的一切，就可以洞悉天下大势和宇宙规律。这一观点揭示了内在智慧的重要性，强调了真正的智慧并非来自外部经验的积累，而是来自内心的觉悟。

许多伟大的哲学家和思想家，如庄子、苏格拉底、王阳明等，虽然也有对外部世界的观察和体验，但他们的智慧更多的是源于对内心世界的深入洞察和反思。这些例子在一定程度上印证了老子所说的“不出户，知天下；不窥牖，见天道”。

其次，“其出弥远，其知弥少。”老子在这里进一步强调了内在智慧的重要性。他认为，过多地追求外部经验往往会导致知识的片面和局限，反而难以洞悉事物的本质。这一观点提醒我们在追求知识的过程中，不要过分依赖外部经验，而应注重内心的觉悟。

在现代社会中，许多人过分追求学位、证书和技能，却忽略了对内心世界的反思和修养。这种偏重外部经验的认识方式往往导致个体精神的空虚和价值观的扭曲。与之相反，那些懂得内省和反思的人，往往能在简单的生活中领悟到更深刻的思想。这一现象正好体现了老子所言的“其出弥远，其知弥少”。

最后，“是以圣人不行而知，不见而名，不为而成。”老子在这里提出了无为的哲学观念。他认为，圣人之所以能够洞悉一切，是因为他们不依赖外部经验，而是通过内心的觉悟来实现对事物的认识。同时，他们在处理事务时，不刻意去做，而是顺应自然的规律，从而达到事物的和谐与完美。这一观点强调了无为的重要性，以及顺应自然规律的智慧。

许多成功的领导者和企业家，如任正非、杰克·韦尔奇等，他们在管理企业和领导团队时，往往能够顺应事物的自然发展，而不是刻意去干预和控制。这种无为而治的管理方式往往能带来更好的效果和更高的效率。这一现象正好印证了老子所说的“是以圣人不行而知，不见而名，不为而成”。

总结：通过以上解读和现实案例的分析，我们可以领悟到，《道德经》第四十七章所表达的哲学观点具有深刻的智慧。“不出户，知天下；不窥牖，见天道”揭示了内在智慧的重要性；“其出弥远，其知弥少”强调了内心觉悟与外部经验之间的关系；“是以圣人不行而知，不见而名，不为而成”则提出了无为的哲学观念。

第四十八章

为学日益，为道日损，损之又损，以至于无为。无为而无不为。取天下常以无事，及其有事，不足以取天下。

本章主要阐述了无为的智慧，通过减少杂念和无谓行为达到顺应自然、顺应“道”的境界。以下是对《道德经》第四十八章的解读。

首先，“为学日益，为道日损”这句话表明，通常情况下，学习使人知识增长，但在追求“道”的过程中，我们需要不断地去除多余的杂念和欲望，减少无谓的行为。这里的“损”表示修行过程中的简化和内心的减法。

其次，“损之又损，以至于无为”这句话进一步强调，通过不断地去除杂念和减少无谓行为，最终达到无为的境界。无为是道家哲学的核心观念之一，它代表一种顺应自然、不强求的生活方式。

再次，“无为而无不为”这句话表明，在无为的境界下，我们能够顺应自然、顺应“道”，从而无所不能。在这种状态下，我们将能够在生活中自如地应对各种挑战和困难。

最后，“取天下常以无事，及其有事，不足以取天下”这句话告诉我们，在治理国家和处理事务时，采用无为的方式，顺应事物的自然发展，往往能够达到事半功倍的效果。相反地，过度干预和操控事物往往会导致反效果，并不能达成目标（取得天下）。

例如，荷兰是一个在国家治理和政策制定上采取相对宽松态度的国家。荷兰政府允许其公民在一定程度上自由发展，从而实行较为宽厚的政策。这种顺应自然和人性的治理方式使荷兰成为一个繁荣且民主的国家，有着较高的国民幸福指数。在个人成长和学习过程中，我们也可以借鉴无为的理念。例如，一位艺术家在追求艺术创作时，应该避免过分追求名利，而是专注于对艺术的热爱和对自己作品的真诚。通过这种无为的心态，艺术家往往能够创作出更具有感染力和价值的作品。

总结：《道德经》第四十八章主要阐述了无为的智慧，通过去除杂念和减少无谓行为以达到顺应自然、顺应“道”的境界。这种思想在国家治理和个人生活方面具有指导意义。例如，在治理国家时，顺应事物的自然发展，采取宽松的政策，往往能够达到事半功倍的效果。而在个人成长和学习过程中，避免过分追求名利，专注于内心的真诚和热爱，通常会取得更好的成果。

第四十九章

圣人无常心，以百姓心为心。善者，吾善之；不善者，吾亦善之，德善。信者，吾信之；不信者，吾亦信之，德信。圣人在天下，歙【xī】歙为天下浑其心，百姓皆注其耳目，圣人皆孩之。

在这一章中，老子阐述了“圣人”的无心境界，善待与信任他人的品质，以及他对世人的包容态度。老子形容圣人的心胸宽广，对善人与恶人都持善意和信任，并以此来塑造道德。他进一步形容圣人为天下人“浑其心”，即使人们的心灵纯净，如孩童般单纯。百姓则自然地将注意力和信任集中于圣人身上，因为他们感受到了圣人的无私和纯洁。这一章不仅突出了圣人的高尚品德和无心境界，还深入论述了其对人们心灵的深刻影响，揭示了道家哲学在人际关系和道德教育方面的深刻内涵。

首先，“圣人无常心，以百姓心为心。”老子在这里提出了圣人无心的境界。他认为，圣人应当抛弃个人的欲望和目的，将自己的心灵与众生相融，以民众的需求和幸福为己任。这一观点强调了圣人的无私与大爱，展现了他们对众生的关爱和担当。

印度圣雄甘地作为印度的民族领袖，他放下了个人的欲望和利益，将民众的福祉视为自己的责任。圣雄甘地倡导非暴力不合作运动，成功地推动了印度独立，体现了老子所说的“圣人恒无心，以百姓心为心”。

其次，“善者，吾善之；不善者，吾亦善之，德善。”老子在这里强调了圣人善待他人的品质。他认为，圣人应该以善意对待善良的人，也以善意对待不善良的人。这一观点揭示了圣人博爱的品质，表达了无论对方如何，圣人都会以善意相待的精神。

南非领袖曼德拉在经历了长达27年的狱中生活后，依然以宽容与和解的态度对待曾经压迫他的敌人。这种超越仇恨，以善意对待他人的做法恰好体现了老子所说的“善者，吾善之；不善者，吾亦善之；德善”。

再次，“信者，吾信之；不信者，吾亦信之，德信。”老子在这里提出了圣人信任他人的信念。他认为，圣人应该对信任自己的人给予信任，对那些不信任自己的人也给予信任。这一观点揭示了圣人信任他人的品质，表达了圣人对待他人始终保持信任态度的精神。

美国前总统林肯在领导国家的过程中，展现了对他人的信任。他在内阁中任命了一些曾经与他竞争过的对手，相信他们有能力为国家作出贡献。这种以信任对待他人的做法正好体现了老子所说的“信者，吾信之；不信者，吾亦信之；德信”。

最后，“圣人在天下，歙歙为天下浑其心，百姓皆注其耳目，圣人皆孩之。”老子在这里描述了圣人在世间的生活状态。圣人对世间事物保持淡泊之心，将自己融入天下，使世间万物变得简单纯粹。因此，圣人在人们心中具有崇高的地位，他们像孩子一样纯真无邪，令人敬仰。

例如，清朝晚期杰出的军事家和政治家左宗棠，其在镇压平定太平天国、捻军中声名鹊起，之后在收复新疆以及推动现代化改革等方面功绩卓著。他的军事和政治生涯很好地体现了《道德经》第四十九章的精神："圣人无常心，以百姓心为心。善者，吾善之；不善者，吾亦善之，德善。信者，吾信之；不信者，吾亦信之，德信。"

首先，左宗棠在处理军事和政治问题时总是能站在一个更高和更具全局性的视角来看待问题，与"以百姓心为心"这一观点相契合。例如，在收复新疆的战争中，他不仅迅速稳定了战局，还对新疆地区进行了大规模的改革和建设，包括修建公路、设立学校、推广农业等，这些建设都在很大程度上改善了当地百姓的生活。

其次，他对待手下和百姓都是以信任和宽容的态度为基础的，这与"善者，吾善之；不善者，吾亦善之""信者，吾信之；不信者，吾亦信之"不谋而合。在太平天国战争中，左宗棠多次给予投降的太平军将领以宽大处理，甚至还有将其任用在自己麾下的实例，体现了他的以善治善、以信待人的为政之道。

最后，"圣人在天下，歙歙为天下浑其心，百姓皆注其耳目，圣人皆孩之。"左宗棠不仅是一位优秀的军事将领，也是一位富有远见和智慧的政治家。他在职位上并没有过分追求个人的名利，反而更加注重国家的稳定和百姓的福祉。他对于西洋科技和制度也持开放的态度，提倡引进西方科技来强国，这一点也反映了他为了国家和百姓能够放下个人的偏见和利益，全心全意为国家和百姓着想。

综上所述，左宗棠的军事和政治生涯在很多方面都与《道德经》第四十九章的内容相符，不仅表现在他务实和包容的军事政策，也表现在他对待百姓和下属的信任与善意以及他总是站在一个更高和更全局的角度来为国家和百姓着想。这些都充分体现了他无论在多么复杂的政治和军事环境中，依然能够坚持道德和原则，成功地实现了国家和民族的利益。

总结：《道德经》第四十九章揭示了圣人无私无心的境界、善待他人的品质以及信任他人的信念，具有孩童般纯真的状态。这些哲学观点在古代和现代社会中都具有广泛的应用价值，为我们提供了一种理解和处理人际关系的独特视角。

第五十章

出生入死，生之徒十有三，死之徒十有三。人之生、动之于死地亦十有三，夫何故？以其生生之厚。盖闻善摄生者，陆行不遇兕虎，入军不被甲兵。兕无所投其角，虎无所措其爪，兵无所容其刃。夫何故？以其无死地。

本章阐述了人生在世的态度和对待生死的智慧，它告诉我们应该关注生命的本质和内在价值。以下是对《道德经》第五十章的解读。

首先，“出生入死，生之徒十有三，死之徒十有三”这句话说明，人们从出生到死亡的过程中，生存的因素和死亡的因素各占一定比例。这是一种对生死过程的概括性描述。

其次，“人之生、动之于死地亦十有三”这句话表明，在人的一生中，有些人会在危险的情况下冒险，将自己置于死地。他们可能是因为过于追求物质或名利，或者受到其他诱惑，从而将自己的生命置于危险的境地。

再次，“夫何故？以其生生之厚”这句话阐述了人们为何会置身于危险境地的原因。是他们过分看重生命的物质层面，忽视了生命的本质和内在价值。

然后，“盖闻善摄生者，陆行不遇兕虎，入军不被甲兵”这句话阐述了那些懂得珍惜生命、关注生命内在价值的人，他们行走在人生路上能避开危险，免受伤害。

最后，“兕无所投其角，虎无所措其爪，兵无所容其刃。夫何故？以其无死地”这句话进一步阐述了这些善于把握生命的人为何能避免危险的原因。因为他们没有将自己置于死地，没有让自己陷入危险的境地。

一个追求健康生活方式的人，他们关注身体健康、心理平衡，遵循自然规律，不过度追求物质利益。这样的人更能够避免生活中的危险，如疾病、事故等。他们懂得如何珍惜生命，关注生命的本质和内在价值。

另一个例子是在医疗领域，一位杰出的医生会关注患者的整体健康，而不仅仅是治疗病症。他们会深入分析病人的生活方式、饮食习惯、心理状态等，以便找到疾病的根本原因，而不仅仅是临时解决问题。这样的医生通过分析患者身体状况给予建议以预防其他疾病的发生以保持健康，而不是仅仅治疗疾病，将患者从“死地”拉回到“生地”。这样的治疗方法遵循了自然和人体的规律，反映了《道德经》第五十章中关于“无死地”的智慧，也体现了对生命本质和内在价值的深刻理解。

这两个例子都体现了《道德经》第五十章的智慧。当我们关注生命的本质和内在价值，珍惜生命，遵循自然规律时，才能够避免危险，享受更美好的人生。

总结：《道德经》第五十章阐述了人生在世的态度和对待生死的智慧。这些智慧对于个人成长和社会发展都具有重要的启示作用。

第五十一章

道生之，德畜之，物形之，势成之。是以万物莫不尊道而贵德。道之尊，德之贵，夫莫之命而常自然。故道生之，德畜之，长之育之，亭之毒之，养之覆之。生而不有，为而不恃，长而不宰，是谓玄德。

在这一章中，老子阐述了道、德、万物之间的关系，强调了道的生化作用、德的培养功能以及道德的玄妙地位。我们将从以下几个方面展开解读，并结合现实案例加以说明。

首先，“道生之，德畜之”老子在这里阐述了道与德在万物生成过程中的重要作用。道是宇宙万物的本源，生化万物；而德则是道的具体体现，培养、成长万物。这一观点强调了道与德在宇宙万物中的重要地位及作用。

在自然界中，道可以理解为自然法则，如引力、电磁力等，这些自然规律贯穿于万物生成和存在的过程中。而德则体现在生态系统的平衡、生物之间的相互依存等方面。这些现象都是道与德在自然界的体现。

其次，“万物莫不尊道而贵德”这里，老子强调了万物对于道和德的遵从和敬仰。道的尊贵和德的珍贵，使得万物都尊崇道并珍视德。这一观点揭示了道和德在万物中的地位，表明道德对万物的重要性。

在人类社会中，法治是维持社会秩序的基石，道德是人际关系的润滑剂。法治与道德相辅相成，共同维系社会和谐。这也是人们尊崇法治，珍视道德的体现。

再次，“故道生之，德畜之，长之育之，亭之毒之，养之覆之”在这句话中，老子强调了道与德在万物生成过程中的五个作用：生（生化万物）、畜（培养万物）、长（使万物成长）、亲（亲近万物）和养（养育万物）。这些作用凸显了道与德在万物中的地位和重要性。

最后，“生而不有，为而不恃，长而不宰，是谓玄德。”老子在这里描述了道德的玄妙特性。道德在生化万物的过程中，无私地付出，不占有，不依赖，不主宰。这一观点揭示了道德的无私品质，表现了道德对万物的宽容与关爱。

在孟母三迁的故事中，孟母为了给孩子提供良好的学习环境，三次搬家，最终选择了在学宫附近定居，以便让孟子接受良好的教育。孟母在教育孩子的过程中，表现出了无私的关爱和宽容，为孟子的成长提供了良好的道德环境。这种无私的教育态度，正是老子所说的“玄德”。

在人类社会，教育环境对下一代的培养和成长具有重要意义。教育不仅传授知识，更培养品德、情感和人际交往能力等方面的综合素质。教育过程中，师生关系如同亲子关系，老师关爱学生，引导他们健康成长。这种教育过程正好体现了道与德在万物中的作用。

总结：《道德经》第五十一章深入论述了道与德在万物中的关系和作用，强调了道的生化作用、德的培养功能以及道德的玄妙地位。这些哲学观点对于理解宇宙万物的本质和人类社会的运行具有重要意义，并从中汲取如何在生活中践行道与德的启示。

第五十二章

天下有始，以为天下母。既得其母，以知其子。既知其子，复守其母，没身不殆。塞其兑【duì】，闭其门，终身不勤。开其兑，济其事，终身不救。见小曰明，守柔曰强。用其光，复归其明，无遗身殃，是为习常。

《道德经》第五十二章提出了一个哲学命题，认识宇宙的本源，遵循自然法则，可以使人避免危险，达到内心安宁的境界。本章涉及了生命、自然与道的关系，也启示了人们如何在生活中实践道的智慧。以下是对本章内容的具体解读。

首先，本章阐述了宇宙的起源。老子提出了“天下有始，以为天下母”这个观念，将宇宙的本源比作母亲，强调了“母亲”的重要性。只有认识到这个“母亲”，才能理解万物之“子”。当人们既认识“母亲”又知道“子”时，就能回归“母亲”的怀抱，守护生命之本，远离危险。

在现实生活中，这种思想可引导人们尊重自然、顺应自然规律。例如，在环保方面，人们应该认识到自然界是人类赖以生存的“母亲”，保护生态环境就是守护生命之本。滥伐森林、污染水源等行为，便是违背自然规律，最终会导致人类自身的灾难。

其次，本章谈到了如何在生活中遵循道的原则。

它提倡“塞其兑，闭其门”，意味着通过自省，将精神焦点集中在内心，而不是追求外在的物质和名利。这种修炼可以帮助人们避免内心的动荡和繁杂，达到安宁的境界。

以潘基文为例，作为一位世界级的政治领袖，他坚持推动全球合作和可持续发展。做联合国秘书长期间，他大力推动了全球气候变化协议的签署，关心全球贫困人数减少和教育普及，而不是陷入地域或短期利益的考虑。这样的坚守，在全球范围内积累了巨大的正面影响，赢得了东西方包括竞争对手的尊敬。这一行为反映了《道德经》第五十二章所强调的，通过认识和遵循自然法则，以达到内心安宁和人类共同福祉的境界。

再次，本章还强调了“见小曰明，守柔曰强”的道理。这意味着具有远见的智慧和保持柔软、灵活的心态是人生的重要原则。在现实生活中，我们需要学会从细微之处观察问题，发现其中蕴含的道理，这样才能避免被表面现象所迷惑，真正洞察事物的本质。

在职场中，一个具有远见的领导者能够从细节发现潜在的问题和机遇，从而采取有效的措施来解决问题和抓住机遇。同时，领导者还需要保持平和和灵活的心态，适应不断变化的环境，以达到事业的成功。

最后，本章提倡“用其光，复归其明，无遗身殃，是为习常”。这意味着我们应该运用自己的智慧，回归内心的明慧，这样才能避免身心受到危害。实际上，这是一种生活态度，鼓励人们在纷繁复杂的世界中，始终保持清醒的头脑和独立的思考。

在当今信息爆炸的时代，人们面临着诸多诱惑和压力。只有学会运用道的智慧，始终保持内心的平静，才能在生活中做出明智的决策，实现内心的和谐与平衡。

总结：《道德经》第五十二章从哲学角度揭示了宇宙的本源、生命的本质和道的智慧，不仅启示我们如何在现实生活中运用道的智慧以达到内心的平和，而且深入提醒我们不可一味追逐物欲。老子强调“塞其兑，闭其门”，警示人们不要沉迷于外在的物质和名利，而应注重内心的修养和自然法则的遵循。在一个充满诱惑和压力的现代社会里，这一教诲显得尤为重要。希望读者在阅读这篇解说后，能够深入思考和体会老子的智慧，将道的原则融入日常生活，摒弃盲目追求物欲的执着，从而实现人生的和谐与完整。

第五十三章

使我介然有之，行于大道，唯施是畏。大道甚夷，而民好径。朝甚除，田甚芜，仓甚虚。服文彩，带利剑，厌饮食，财货有余，是谓盗竽。非道也哉！

第五十三章主要阐述了道德、道德修养和社会治理的关系。它强调了大道的平易近人，但民众却往往偏离正道，导致社会问题的产生。现代社会中，这些观点具有全面而重要的实践价值。以下是对本章内容的具体解读。

首先，老子在本章中表达了对道德修养的敬畏。他认为“行于大道，唯施是畏”，意味着在道德修养方面要保持敬畏之心。在现代社会，道德教育和个人品德的培养越来越受到重视，许多学校和家庭都在强调培养孩子的道德观念。通过积极地参与道德实践，人们可以更好地遵循道德原则，使社会更加和谐。

其次，老子指出“大道甚夷，而民好径”，这里的民是指人，这句话的意思是正道是简单易行的，但人们往往因为喜欢走捷径，从而偏离正道。现实生活中，许多人在追求利益时容易陷入道德困境，如造假、贪污、欺诈等。这些行为不仅损害了个人的道德品质，还给社会风气带来了不良影响。因此，人们应该在日常生活中不断提醒自己，遵循道德原则，坚守正道。

在教育领域，有些学生为了追求高分不择手段，如考试作弊，这就是典型的“民好径”的例子。这种行为不仅损害了学生的道德品质，也对整个教育环境造成了负面影响。因此，教育部门应当加强道德教育，引导学生坚守诚信，遵循正道。

在商业领域，有些企业为了追求利润，不惜使用造假等手段损害消费者利益，甚至破坏自然环境。这种行为同样反映了“民好径”的现象。政府和社会应当加强对企业的道德监管，引导企业走可持续发展之路。

再次，本章中的“朝甚除，田甚芜，仓甚虚。服文彩，带利剑，厌饮食，财货有余”。阐述了一个道德沦丧的社会现象。政治腐败，农业荒废，国库空虚，人们沉湎于奢侈与暴力，贪图过度的财富。这种现象在现代社会中仍然存在，如贫富差距加剧、环境破坏、金钱至上等问题。这些现象都反映了人们道德观念的缺失和价值观的扭曲。老子称这种现象为“盗夸”，并断言这非道。因此，要解决这些社会问题，必须从根本上改变人们的道德观念，让道德原则深入人心。

在政治领域，一些政治人物沉溺于权力和金钱，背离了为民服务的初衷，这种现象导致政治腐败和社会不公。为了解决这一问题，政府应当加强反腐倡廉工作，严肃查处违纪违法行为，让道德规范成为政治生活的基石。

个人成长方面，在日常生活中，每个人都会面临道德抉择。在追求利益的过程中，我们应当时刻保持对道德原则的敬畏之心，遵循正道，以实现个人成长和社会和谐。

总结：通过以上讨论，我们可以领悟到，《道德经》第五十三章的观点在现实生活中具有很大的指导意义。正如老子所言“大道甚夷”，我们需要在道德修养上保持敬畏之心，遵循正道，才能实现个人的美好未来。

第五十四章

善建者不拔，善抱者不脱，子孙以祭祀不辍。修之于身，其德乃长；修之于家，其德乃余；修之于乡，其德乃长；修之于国，其德乃丰；修之于天下，其德乃普。故以身观身，以家观家，以乡观乡，以国观国，以天下观天下。吾何以知天下然哉？以此。

本章强调了修身、齐家、治国、平天下的重要性。以下是对《道德经》第五十四章的具体解读。

首先，“善建者不拔，善抱者不脱”这句话表明，一个人如果能够在内心深处建立坚实的道德基础，并且能够紧紧守住这种德行，那么他就不会轻易动摇或迷失。

其次，“子孙以祭祀不辍”这句话意味着，如果一个人能够树立高尚的品质，那么他的子孙将会继承这些品质，并且将其传承下去，一代又一代。

再次，“修之于身，其德乃真；修之于家，其德乃余；修之于乡，其德乃长；修之于国，其德乃丰；修之于天下，其德乃普”这句话阐述了修身、齐家、治国、平天下的道理。一个人首先要修养自己的品德，然后将德行传播到家庭、乡村、国家乃至整个世界，从而实现普遍的道德价值。

最后，“故以身观身，以家观家，以乡观乡，以国观国，以天下观天下。吾何以知天下然哉？以此。”这句话告诉我们，我们可以通过观察个体、家庭、社会和国家等各个层面的道德修养来了解整个世界的道德状况。

现实生活中，比如教育方面。一个有道德修养的老师，不仅能够教授学生知识技能，还能潜移默化地传授道德观念和价值观。这样的老师能够培养出品学兼优的学生，他们的德行将影响家庭、社会甚至整个国家。

又比如企业的社会责任。一个具有道德修养的企业，会在追求利润的同时，关注环境保护、员工福利和社会公益等。这样的企业不仅能够在市场中获得成功，还能为社会和国家的繁荣稳定作出贡献。

总结：《道德经》第五十四章强调修身、齐家、治国、平天下的重要性。当我们关注个人道德修养并将其付诸于家庭、社会、国家和世界各个层面时，我们就能够促进社会的道德进步和全球的和谐发展。这些智慧在现实生活中具有指导意义，对于教育、企业和社会发展等方面都有重要的启示作用。

第五十五章

含德之厚，比于赤子。蜂虿虺蛇不螫【shì】，猛兽不据，攫【jué】鸟不搏。骨弱筋柔而握固。未知牝【pìn】牡之合而全作，精之至也。终日号而不嗄【shà】，和之至也。知和曰常，知常曰明，益生曰祥，心使气曰强。物壮则老，谓之不道，不道早已。

本章强调了道德修养的要义。同时传递了对和谐、智慧、生命尊重和内在力量的追求。以下是对本章内容的具体解读。

首先，《道德经》第五十五章提道："含德之厚，比于赤子"，这里强调了要达到道德修养的境界，就要像刚出生的婴儿一样纯真无瑕。"赤子"代表了最自然、最纯净的状态，要求我们在道德修养上摒弃世俗的欲望和杂念，回归最本真、最无私的内心。

其次，"蜂虿虺蛇不螫，猛兽不据，攫鸟不搏"，这句话阐述了当一个人的道德修养达到一定高度时，他能够与周围的环境建立一种和谐的关系，甚至能够影响周围的生物。

第三，"骨弱筋柔而握固。未知牝牡之合而全作，精之至也"，这句话强调了在道德修养上，要达到柔中带刚的境界。这里的"骨弱筋柔"暗示了一种柔弱的外表，而“握固”则暗示了内在的坚定力量。同时，这句话也表达了一种保持纯真无瑕状态的意义。

第四，“终日号而不嗄，和之至也”。这句话阐述了一个道德高尚的人，在面对生活中的种种困难时，依然能够保持内心的宁静与平和。这是一种心态上的修养，表现为在面对压力和挑战时，始终保持沉着冷静。

第五，“知和曰常，知常曰明，益生曰祥，心使气曰强”，这句话阐述了对和谐状态的认知、对智慧的追求、对生命的尊重和对内心力量的塑造。这四个方面都是道德修养的重要组成部分。了解和谐是恒常的原则，认识这一点是智慧的表现；尊重生命、促进生命的繁衍是吉祥之道；而心灵驱使气力则展示了内在力量的重要性。

最后，“物壮则老，谓之不道，不道早已”，这句话表达了一个哲学观点：过度追求物质、权力、地位等外在因素，会使人偏离道德的正途。这种偏离道德的行为，迟早会导致生命的衰老。因此，道德修养要避免陷入世俗的困扰，专注于内心的提升。

在这里，我们以科学家屠呦呦为例进行分析。

首先，屠呦呦在面对疟疾这一长期困扰人类的重大疾病时，展现了坚定的决心和勇气。她领导的团队勇敢地探索了中草药的新用途，为全球疟疾治疗找到了新的方向。在这个过程中，屠呦呦展现了柔中带刚的特点，在对外合作方面，她采取了务实的态度，与国际同行合作；在科研方法上，她坚决推动创新，打破了传统界限。

屠呦呦的这种柔中带刚的作风与《道德经》第五十五章所强调的“骨弱筋柔而握固”有异曲同工之妙。

其次，屠呦呦在科研生涯中，始终关注人民的福祉，尊重生命，努力提高人民的健康水平。她的科研智慧体现在她对和谐、平衡和人类福祉的追求，以及对科技进步的信心和决心。屠呦呦深知创新科技的重要性，她坚信只有科技创新，才能助力人类健康和福祉。因此，她坚定地推动科技创新，推动了全球健康事业的繁荣与发展。这种对和谐、稳定与人类福祉的追求，正如《道德经》第五十五章所强调的“知和曰常，知常曰明，益生曰祥”。

最后，屠呦呦作为一位卓越的科学家，她懂得适时调整自己的科研方向和方法，以适应不断变化的科学前沿和社会需求。在推动青蒿素的研发过程中，屠呦呦曾多次调整策略，以保持科研的稳定和持续推进。这种对内在科学精神的驾驭，以及对外部环境的敏锐洞察，正是《道德经》第五十五章所提倡的“心使气曰强”。

总结：通过对《道德经》第五十五章的解读，我们可以领悟到道德修养的要义。它强调要回归纯真无瑕的状态，和自然界达到和谐共生，同时在心态和行为上都展现出柔中带刚的特点，保持平和之气。此外，这一章还传递了对和谐、智慧、生命尊重和内在力量的追求。

第五十六章

知者不言，言者不知。塞其兑，闭其门；挫其锐，解其纷；和其光，同其尘。是谓玄同。故不可得而亲，不可得而疏；不可得而利，不可得而害；不可得而贵，不可得而贱。故为天下贵。

本章强调了真正的智者懂得保持沉默和谦逊，通过倾听和观察，以达到更高的境界。以下是对本章内容的具体解读。

首先，“知者不言，言者不知”。这句话强调了真正有智慧的人往往不轻易发表意见，而那些喜欢多言的人很可能并没有足够的智慧。真正的知识和智慧往往隐藏在平静、沉默的内心深处。

其次，“塞其兑，闭其门；挫其锐，解其纷；和其光，同其尘”。这句话意思是要控制好自己的欲望，保持内心的平和。对于世间的纷扰、争端和暴力，我们应该以平和、和谐的心态去面对，避免被外部的纷扰所影响，使内心的智慧和力量得以净化和提升。

再次，“是谓玄同”。这句话表达了一种神秘、高深的境界，即心境平静、内心纯净，达到与宇宙自然规律相一致的状态即“玄同”。

最后，“故不可得而亲，不可得而疏；不可得而利，不可得而害；不可得而贵，不可得而贱。故为天下贵。”这部分阐述了一个无法被亲近或疏远、利益或损害、贵重或卑贱所影响的境界。这种境界是至高无上的，因为它超越了世俗的利益纷争，使得个体在精神上达到了一种崇高、纯净的状态。

通过对第五十六章的解读，我们可以领悟到要追求内心的平和与纯净，控制自己的欲望，不受外部纷扰的影响，以达到与自然和宇宙规律相和谐的境界。这一章也强调了真正的智慧和知识不在于多言，而在于内心的平静与沉默。

我们可以从伟大的科学家阿尔伯特·爱因斯坦身上找到这一章内容的实践体现。

阿尔伯特·爱因斯坦作为一位杰出的物理学家，以其卓越的科学成就和对世界和平与人类理解的追求而闻名。他的独特人格和智慧使他成为20世纪最受尊敬的人物之一。爱因斯坦在科学研究和哲学思考中的深度和沉默的特点体现了《道德经》第五十六章的智慧。

例如，爱因斯坦通过对相对论的革命性探索展现了“知者不言，言者不知”的智慧。他的科学探究常常超出了当时人们的理解，但他并未试图通过大量的言辞来解释自己的理论。相反，他倾向于沉默、思考和倾听，从而达到科学理解的更高境界。

爱因斯坦对世界和平和民族和解的追求也反映了“塞其兑，闭其门；挫其锐，解其纷；和其光，同其尘。

是谓玄同。”的境界。在战争和冲突的时代，他努力促进人类的和解和合作，保持内心的平静和理解，超越了世俗的纷扰。

总结：《道德经》第五十六章强调了真正的智者懂得保持沉默和谦逊，通过聆听和观察，以达到更高的智慧和境界。这一哲学理念不仅是对言辞的节制和深度观察的倡导，更是对人们追求内心平静、超脱世俗纷扰的深刻启示。在这一章中，沉默不仅是智慧的象征，更是一种超脱的智慧表现。它要求人们不受自身欲望的驱使，能够对外界的诱惑和冲突保持距离和冷静。真正的智者不是不说话，而是知道何时说话，何时保持沉默，以确保内心的平和与纯净。谦逊则是对欲望的自我克制，对知识和智慧的谦卑追求。通过聆听和观察，真正的智者能够理解世界的本质和规律，不受自己主观偏见的干扰，从而达到与自然和宇宙规律相一致的境界。这一境界是对人的精神和道德层面的升华，超越自我，融入整个宇宙的和谐统一。

第五十七章

以正治国，以奇用兵，以无事取天下。吾何以知其然哉？以此：天下多忌讳，而民弥贫；民多利器，国家滋昏；人多伎巧，奇物滋起；法令滋彰，盗贼多有。故圣人云："我无为，而民自化；我好静，而民自正；我无事，而民自富；我无欲，而民自朴。"

在这一章中，老子以三个方面为主线，分别阐述了治国、用兵和取天下的哲学思考。他认为，"以正治国，以奇用兵，以无事取天下"这句话包含了道家无为而治的哲学理念，意味着人们应该顺应自然，不要过度干预，让万物自然发展。以下是本章内容的具体解读。

首先，"以正治国"。老子认为，治理国家的关键在于坚守道德原则，以诚信、公正和廉洁为根本。只有这样，国家才能长治久安。现实生活中，我们可以看到，那些政治清明、法制健全的国家，往往能够实现长久的繁荣与稳定。例如，新加坡自从李光耀担任总理以来，始终坚持清廉政治、法治建设和人才培养，使得这个不大的国家在短短几十年内迅速崛起，成为亚洲四小龙之一。

其次，"以奇用兵"。老子认为，用兵之道应该以奇取胜，也就是要善于运用智慧，制定出奇制胜的战略。

这一点在现实生活中也有很多实例。在“二战”的诺曼底登陆战役中，盟军通过精心策划的欺骗行动成功地误导了德军。他们创建了虚构的军队，并通过虚假的无线电通信、气象信息和间谍网络增强了虚构军队的可信度。此外，盟军还散布了虚假的地图和计划文件，进行了实际的轰炸和侦察任务。这些欺骗手段导致德军在诺曼底地区的兵力部署不足，从而为盟军的成功登陆和随后的推进打开了大门。这正是运用智慧，以奇制胜的典型案例。

再次，“以无事取天下”。老子提倡无为而治的思想，认为不要过度干预，让万物自然发展。在现实生活中，我们可以从两个方面来理解这一观点。一方面，政府不应过度干预市场经济，而是要给予市场充分的自由，让市场自发调节。例如，新西兰在20世纪80年代进行了一系列自由市场经济改革，包括削减补贴、开放国内市场和简化税制，这些政策使其经济从衰退状态迅速复苏，成为一个经济自由度极高的国家。另一方面，我们也可以从教育领域看到这一思想的体现。越来越多的教育专家倡导素质教育，强调培养孩子的自主性、创造力和批判性思维，而非单纯地传授知识。让孩子在自由的环境中自主探索，自然成长，这也正是“以无事取天下”的现代化诠释。

最后，老子通过揭示人类社会中的种种现象，对“以正治国，以奇用兵，以无事取天下”的哲学理念进行了进一步的阐释和印证。首先，他说："天下多忌讳，而民弥贫；民多利器，国家滋昏；人多伎巧，奇物滋起；法令滋彰，盗贼多有。"这些观察揭示了过度干预和复杂化带来的负面后果。例如，社会的过多禁令和规定可能导致民众的压迫和贫穷；过多的工具和技巧可能导致社会的混乱和物欲横流；过多的法律和法规可能反而滋生更多的犯罪。这一部分警示了人们，过度的干预和复杂化的规定可能会适得其反，导致不必要的混乱和痛苦。其次，老子总结道："故圣人云：我无为，而民自化；我好静，而民自正；我无事，而民自富；我无欲，而民自朴。"这一部分表达了道家无为而治的最高境界。圣人通过无为，使人民自动向善；通过爱好宁静，使人民自行规范；通过无事，使人民自发富足；通过无欲，使人民自然朴实。这些理念呼应了前面的主线，强调了顺应自然、遵循道德原则，不过度干预的重要性。

总结：《道德经》第五十七章以治国、用兵、取天下为主线，阐述了道家无为而治的哲学理念。老子认为，要顺应自然，不要过度干预，让万物自然发展。在现实生活中，我们可以从政治、军事、经济、教育等诸多方面找到这一思想的体现和实践。正是这种顺应自然、无为而治的哲学观念，使得《道德经》成为世界哲学史上一部经典著作。

第五十八章

其政闷闷，其民淳淳【chún】；其政察察，其民缺缺。祸兮福之所倚，福兮祸之所伏。孰知其极？其无正，正复为奇，善复为妖。人之迷，其日固久。是以圣人方而不割，廉而不刿【guì】，直而不肆，光而不耀。

本章指出了在治理国家、处理事务时要遵循自然平衡、保持审慎态度和坚守中庸之道。以下是对本章内容的具体解读。

首先，“其政闷闷，其民淳淳；其政察察，其民缺缺。”这句话告诉我们，当政治过于严密、过于严格时，民众将感到压抑，缺乏发展空间；相反地，政策温和、稳健时，民众会更加安宁、淳朴。这意味着在治理国家时，应以民为本，关注民生福祉，为民众创造良好的生活环境。

其次，“祸兮福之所倚，福兮祸之所伏。孰知其极？”这句话表明福祸相依，事物的发展很难预测。因此，在处理事务时应保持审慎、冷静的态度，谨慎行事，防患于未然。

再次，“其无正，正复为奇，善复为妖。人之迷，其日固久。”这里指出，在现实世界中，并不存在绝对的正义，往往正义和邪恶相互转化。因此，我们要认识到这种复杂性，不能简单地对事物进行判断。

最后，“是以圣人方而不割，廉而不刿，直而不肆，光而不耀”这句话描述了圣人的品质：公正而不刻薄，诚实而不伤人，坦率而不过分，光明而不耀眼。这些品质是我们应当学习和追求的。

我们可以通过古罗马哲学家和政治家西塞罗来具体说明《道德经》第五十八章的道理。

首先，论及“其政闷闷，其民淳淳；其政察察，其民缺缺”，西塞罗可视为这一哲学原则的实证。他不仅是一位演说能力卓越的政治家，更是一位具有深刻社会洞见的思考者。他强调公民参与和开放的政治对话，能更好地回应社会需求和民众期望，而不是通过严格的法律和命令来压制民众。这种治理方式不仅使民众感到更加安宁和满足，而且也与《道德经》中“其政闷闷，其民淳淳”所提出的治理观点高度一致。

其次，关于“祸兮福之所倚，福兮祸之所伏”，西塞罗的生活和政治实践都体现出对这一复杂性的深刻理解。在罗马共和国走向衰落的动荡时期，他仍能保持一种审慎和冷静的态度。西塞罗明白，福与祸往往是相互依存的，事物的发展轨迹并不总是可预测的。因此，无论是在政治决策还是在个人生活中，他都力求达到一种平和和审慎的态度，以适应不断变化和不可预测的外部环境。

最后，原文提到的圣人特质——“方而不割，廉而不刿，直而不肆，光而不耀”——在西塞罗的行为和态度中得到了生动的体现。他在政治决策和公共事务中展现出非凡的公正和诚实。在与人交往和处理各种复杂问题时，他始终保持一种平和而又谦虚的态度，即使在权谋和利益交织的政治环境中，也能坚守自己的道德原则和信念。这些品质不仅使他在当时备受尊敬，也使他成为后人学习和模仿的楷模。

总结：《道德经》第五十八章教导我们在治理国家、处理事务时要遵循自然平衡、保持审慎态度和坚守中庸之道。通过西塞罗的案例，我们可以感受到这些原则在现实生活中的应用和价值。西塞罗作为一位杰出的政治家，他的事迹为我们树立了榜样，让我们深刻理解《道德经》的智慧。

第五十九章

治人、事天莫若啬【sè】，夫唯啬，是谓早服。早服谓之重积德，重积德则无不克，无不克者莫知其极。莫知其极，可以有国。有国之母，可以长久。是谓深根固柢【dǐ】、长生久视之道。

老子的《道德经》第五十九章主要阐述了治理国家和个人修养的原则，强调节俭和积累德行的重要性。下面我们来具体解析原文并结合现实生活中的案例进行分析。

首先，“治人、事天莫若啬，夫唯啬，是谓早服。”表明，在治理国家和个人修养中，节俭是一种重要的原则。节俭使人能够珍惜资源，关注实际效果，从而培养出自律、谨慎的品质。这种品质有助于在国家治理和个人成长中积累德行。

其次，“早服谓之重积德，重积德则无不克，无不克者莫知其极。莫知其极，可以有国。”说明了积累德行的重要性。一个积累了丰富德行的人，就能够克服各种困难和挑战，就可以担负治理国家的重任。我们通过不断地积累德行，我们可以达到事业和个人成就的巅峰。

再次，“有国之母，可以长久。是谓深根固柢、长生久视之道。”强调了在国家治理和个人修养中，深厚的根基和持久的发展是成功的关键。只有具备这些品质，才能在不断变化的世界中保持稳定和持续发展。

现实生活中以日本为例，日本人以勤奋、自律和节俭著称。这种品质使得日本在“二战”后迅速崛起，成为世界第三大经济体。日本的企业和民众注重资源利用，追求持久的发展，这使得日本在经济和科技领域取得了长足的进步。

另一个例子是巴菲特，他以其节俭的生活方式和长远的投资眼光而著称。巴菲特坚持长期投资策略，关注企业的基本面和持久竞争优势，而不是短期的市场波动。他的投资哲学强调积累德行和深厚的根基。巴菲特个人生活也以节俭著称，虽然有数百亿美元的身家，但他依然居住在几十年前购买的普通住宅里，过着简朴的生活。巴菲特的成功正是《道德经》第五十九章所讲的治理国家和个人修养的原则在现实生活中的体现。

总结：从以上两个例子中，我们可以领悟到《道德经》第五十九章所讲述的节俭、积累德行和深厚根基的重要性。这些原则在国家治理和个人修养中都具有现实指导意义，指导我们如何在面对挑战和变化时保持稳定和持续的发展。

第六十章

治大国若烹小鲜。以道莅天下，其鬼不神。非其鬼不神，其神不伤人。非其神不伤人，圣人亦不伤人。夫两不相伤，故德交归焉。

老子的《道德经》第六十章主要阐述了治理国家的原则，强调以道德为准绳，追求和谐共处。下面我们来具体解析原文并结合现实生活中的案例进行分析。

首先，“治大国若烹小鲜”这句话通过烹饪的比喻，强调了治理国家应该小心谨慎，注重细节，如同烹调一道美味佳肴。治理国家需要耐心、智慧和技巧，不能草率行事。

其次，“以道莅天下，其鬼不神。非其鬼不神，其神不伤人。非其神不伤人，圣人亦不伤人。”这几句话强调了道德在治理国家中的重要地位。遵循道德原则，可以使社会和谐，消除冲突。在这里，“鬼不神”和“神不伤人”表示，在道德的引导下，社会秩序井然，不会出现邪恶势力或者暴力冲突。同样地，“圣人亦不伤人”说明圣人也遵循道德原则，以利人为己任。

最后，“夫两不相伤，故德交归焉。”这句话表达了在道德的指导下，人与人之间能够和谐共处，达到共赢的局面。这是国家治理的最终目标，实现人类社会的繁荣和发展。

现实生活中，新西兰是一个值得关注的范例，在国家治理中非常重视环境和尊重文化。新西兰政府不仅推动清洁能源的使用，还大力支持本土文化传承。这些政策和措施反映了新西兰领导人对于整体社会福祉的关心，也符合“以道德为准绳”这一原则。在新西兰，社会和谐与可持续发展并重，人民生活得更加平和与安宁。新西兰实行高福利制度，确保人民在教育、医疗等方面得到良好的保障。这些国家的领导人关注民生，以道德为准绳，使得社会和谐稳定，人民安居乐业。

中国古代的明君圣主，如汉武帝、唐太宗等，他们在治理国家时，以道德为基础，实行仁政，关注民生，推行务实的政策。在他们的统治下，国家繁荣昌盛，社会安定有序。他们的政治智慧和道德操守使得人民达到了和谐共处的状态，生活水平得到了显著提高。

总结：通过这些现实生活中的案例，我们可以领悟到《道德经》第八十章所阐述的治理国家的原则是如何在实践中得到体现的。以道德为准绳，关注民生，实现和谐共处，这是古今中外在治理国家时所追求的共同目标。

第六十一章

大国者下流，天下之交；天下之牝，牝常以静胜牡，以静为下。故大国以下小国，则取小国；小国以下大国，则取大国。故或下以取，或下而取。大国不过欲兼畜人，小国不过欲入事人。夫两者各得其所欲。大者宜为下。

《道德经》第六十一章主要阐述了国家之间的互动原则，强调以谦虚和低调的态度来取得互惠共赢。接下来我们将逐句解读这一章，并结合现实生活中的案例进行分析。

首先，“大国者下流，天下之交”这句话表示大国应当采取谦虚低调的态度来与其他国家相处，强调大国在国际交往中应具备包容和谦逊的品质。

其次，“天下之牝，牝常以静胜牡，以静为下”这句话强调了保持谦虚低调的态度可以带来成功。这里使用了阴阳哲学中阴（“牝”）与阳（“牡”）的关系，说明谦逊和包容的特质可以带来更好的成果。

再次，“故大国以下小国，则取小国；小国以下大国，则取大国。故或下以取，或下而取”这几句话指出，无论大国还是小国，都应以谦逊的态度来相互合作。这样才能实现互惠共赢，达到各自的目标。

最后，“大国不过欲兼畜人，小国不过欲入事人。

夫两者各得其所欲。大者宜为下。”这句话强调大国应承担起领导责任，以谦逊和低调的方式来支持和帮助小国。这样，大国和小国都能够实现各自的目标，促进共同发展和繁荣。

德国是欧洲的经济大国，但在欧盟内部，德国始终保持低调、谦逊的态度，与其他成员国共同合作，共谋欧洲发展。德国帮助解决了希腊等国家的债务危机，同时倡导欧洲一体化，推动欧洲共同体的繁荣。

总结：通过以上案例的分析，我们可以感受到《道德经》第六十一章所阐述的国家之间互动原则在现实生活中的应用。以谦虚、低调的态度开展国际合作，无论是大国还是小国，都能实现互惠共赢、共同发展。这些智慧对于我们在现代国际关系中的处理和应对也具有指导意义。

第六十二章

道者，万物之奥，善人之宝，不善人之所保。美言可以市尊，美行可以加人。人之不善，何弃之有！故立天子，置三公，虽有拱璧，以先驷马，不如坐进此道。古之所以贵此道者何？不曰以求得，有罪以免耶？故为天下贵。

《道德经》第六十二章阐述了道的奥妙，强调道是万物的根本，对善人、恶人都具有价值。接下来我们将逐句解读这一章，并结合现实生活中的案例进行分析。

首先，“道者，万物之奥，善人之宝，不善人之所保”这句话表明道是宇宙的本质，对于善恶之人都具有指导意义。对“善人”而言，道是最宝贵的财富；对“不善人”而言，道可以成为他们改过自新的依靠。

其次，“美言可以市尊，美行可以加人”。这句话强调，优美的言辞可以赢得别人的喜爱和尊重，而崇高的品行可以为自己增添朋友。

再次，“人之不善，何弃之有！”这句话指出，道对待善恶之人都是公平的，不会轻易放弃任何一个人。这鼓励我们要对自己和他人都充满信心。

然后，“故立天子，置三公，虽有拱璧，以先驷马，不如坐进此道”这句话表示，即使是国家元首和高官，他们的权力和地位也不能与遵循道的价值相比。道是一种超越权力和地位的智慧。

最后，“古之所以贵此道者何？不曰以求得，有罪以免耶？故为天下贵”这句话强调古代圣贤之所以重视道，是因为道能帮助人们追求真理和自我完善，甚至可以使有罪之人得到救赎。因此，道对于整个世界都具有极高的价值。

在教育领域，许多老师尊崇道的原则，对待学生公平公正，对每个学生都充满信心。当有学生犯错误时，老师不放弃这个学生，而是鼓励他们改过自新，以道为依靠。这种以道为指导的教育方法，使得许多学生得到了成长和提升。

在企业管理中，一个优秀的领导者会遵循道的原则，关注员工的成长，无论他们的表现如何，都以公平公正的态度对待每个员工。当员工犯错时，领导者不轻易放弃他们，而是给予指导和支持，帮助他们实现自我改进。这种遵循道的管理方式，有助于员工的成长和企业的发展。

总结：通过以上案例分析，我们可以看到《道德经》第六十二章的内容在现实生活中的应用。遵循道的智慧，无论是对善恶之人，还是对不同层次的人都具有指导意义，能够帮助我们实现自我完善和成长。这些原则在教育、企业管理等多个领域都能发挥重要作用。

第六十三章

为无为，事无事，味无味，大小多少，报怨以德。图难于其易，为大于其细。天下难事必作于易，天下大事必作于细。是以圣人终不为大，故能成其大。夫轻诺必寡信，多易必多难。是以圣人犹难之，故终无难矣。

《道德经》第六十三章阐述了无为而治、从简易入手、从细微处着手等原则。我们将逐句解读这一章，并结合现实生活中的案例进行分析。

首先，“为无为，事无事，味无味”这句话表达了道家的无为而治原则，强调顺应自然、不过度干预。同时，这句话也提倡简单、朴素的生活方式，不追求过多的物质享受。

其次，“大小多少，报怨以德”这句话强调，在处理大小事务时，都要以道德为准则，即使面对仇恨和怨怒，也要用德行来回应。

再次，“图难于其易，为大于其细。天下难事必作于易，天下大事必作于细”这些话提醒我们要从简单、细微之处入手，逐步解决困难问题和完成重要任务。

然后，“是以圣人终不为大，故能成其大”这句话说明圣人并不追求表面上的宏伟壮丽，而是关注细微之处，正因如此，他们才能完成伟大的事业。

最后，“夫轻诺必寡信，多易必多难。是以圣人犹难之，故终无难矣”这句话告诫我们不要轻易许诺，不要过分追求简单的方法。圣人正因为面对困难不退缩，才最终克服了所有难题。

现实生活中，许多成功的环保项目正是从小事入手，逐步取得成效。例如，一些城市通过推广绿色出行、减少塑料使用、开展垃圾分类等活动，从细微之处改变，逐渐改善了整个城市的生态环境。

在团队合作中，优秀的领导者会注重每个细节，如倾听团队成员的意见、关注他们的成长需求等。正因为领导者关注细节，关心团队成员，团队才能团结一致，共同完成重大任务。

总结：从这一章的解读中，我们可以总结出几个重要原则。顺应自然、不过度干预；以道德为准则；从简单、细微之处入手解决问题；关注细节并避免轻易许诺。这些原则在现实生活中有着广泛的应用，无论是环保、团队合作，还是其他领域，我们都可以从这些原则中得到启示和指导。

第六十四章

其安易持，其未兆易谋，其脆易泮【pàn】，其微易散。为之于未有，治之于未乱。合抱之木，生于毫末；九层之台，起于累土；千里之行，始于足下。为者败之，执者失之。是以圣人无为，故无败；无执，故无失。民之从事，常于几成而败之。慎终如始，则无败事。是以圣人欲不欲，不贵难得之货；学不学，复众人之所过。以辅万物之自然，而不敢为。

本章提醒我们，在事物发展过程中，要预防问题发生、积累小成就，珍惜每一个开始。同时，要遵循自然之道，不过度干预，避免过于执着与强求，才能确保事情的成功。以下是对本章内容的具体解读。

首先，“其安易持，其未兆易谋，其脆易泮，其微易散”这句话表明，当事物处于安定状态时容易维持，当危机还未发生时容易预防。同时，当事物尚处于脆弱阶段时容易修复，而细微之处更易消散。这告诉我们要在事物的初始阶段就采取行动，预防问题的发生。

其次，“为之于未有，治之于未乱”这句话强调，要在问题出现之前就加以防范，而不是等到问题变得严重了才去解决。这是一种高效的治理理念，适用于国家治理和个人生活管理。

第三，“合抱之木，生于毫末；九层之台，起于累土；千里之行，始于足下”这句话告诉我们，干大事都是从小事开始的，要有耐心，从点滴开始，才能取得成功。这鼓励我们要珍惜每一个细微的开始，积累小成就，最终实现大目标。

第四，“为者败之，执者失之。是以圣人无为，故无败；无执，故无失”这句话表示，过于强求的行为往往会导致失败，过于执着的态度往往会造成损失。因此，圣人通过无为而治、不执着的方式，避免失败与损失。

第五，“民之从事，常于几成而败之。慎终如始，则无败事”这句话说明，在事情的尾声阶段，要像对待开始时一样小心谨慎，否则容易导致失败。这教导我们要始终保持谨慎，才能确保事情的成功。

最后，“是以圣人欲不欲，不贵难得之货；学不学，复众人之所过。以辅万物之自然而不敢为”这句话强调，圣人不追求奢侈、难得之物，不学习无用之知，而是遵循自然之道，顺应万物自然发展，不过度干预。

在古代希腊，阿基米德一次在浴缸中发现了浮力的原理，据说他高兴地从浴缸里跳了出来，大喊“尤里卡！”（我找到了）。这一事件反映了“为之于未有，治之于未乱”的理念。阿基米德的发现虽小，但其影响深远，为物理学乃至整个科学界带来了巨大的成就。

总结：《道德经》第六十四章不仅在哲学上为我们提供了重要的指导，还在实际应用中具有广泛的意义。

这一章节告诉我们，无论是在国家治理还是个人生活管理方面，预防和初期干预都是至关重要的。阿基米德的故事就是一个很好的例子，通过对简单现象的早期观察和深刻理解，他能够得出具有深远影响的科学原理。此外，本章也强调了“珍惜每一个开始，积累小成就”的重要性。无论是构建九层的塔，还是走过千里的路，都是从第一步开始的。因此，在面对任何任务或挑战时，我们都应有耐心和恒心，从细微之处做起。最后，本章警告我们避免过度的干预和执着，因为这往往会带来失败和损失。通过“无为而治，不执着”的方式，我们不仅可以减少错误的发生，还可以更好地遵循自然和社会规律。

第六十五章

古之善为道者，非以明民，将以愚之。民之难治，以其智多。故以智治国，国之贼；不以智治国，国之福。知此两者亦稽式，常知稽式，是谓玄德。玄德深矣、远矣，与物反矣。然后乃至大顺。

《道德经》第六十五章主要阐述了如何运用道家智慧治理国家和管理民众。我们将逐句解读这一章，并结合现实生活中的案例进行分析。

首先，“古之善为道者，非以明民，将以愚之”这句话表达了一个观点，即古代善于治理国家的领导者，并不是让民众变得更聪明，而是让他们保持一定程度的朴实和淳厚。

其次，“民之难治，以其智多”这句话指出，过分聪明的民众容易变得难以管理，因为他们可能会过度计算利益，使得治理变得复杂。

再次，“故以智治国，国之贼；不以智治国，国之福”这句话强调了一个道理，过分依赖讨巧的心机去治理国家，反而会导致国家的衰败；而不依赖讨巧的心机，去实干，反而能带来国家的福祉。

然后，“知此两者亦稽式，常知稽式，是谓玄德”这里告诉我们，了解这两种不同的治理方法，并能灵活运用，就是“玄德”的体现。

最后，“玄德深矣、远矣，与物反矣。然后乃至大顺”这一句具有深刻的哲学内涵。“玄德”可视为一种高深莫测的美德或智慧。“深矣，远矣”暗示这种智慧或美德具有深远和广大的影响。“与物反矣”指出这种智慧或美德可能与社会普遍接受的常识或观念相反，体现在非传统或逆向的思维和行为方式上。“然后乃至大顺”表明通过这种反常的方法，人们可以达到一种更高级的、和谐的状态。简而言之，这句话强调了通过深刻、非传统的智慧，可以达到一种更高级的社会和谐和个人境界。

在一个城市的治理中，政府放弃复杂的法规和政策，转而采用更直接、更本质的方式来解决问题。例如，城市治理可能会更多地依靠社区自主管理，而不是强制执行城市规划。这种简单但有效的方法不仅市民更容易理解和接受，而且也更有可能实现长期的社会和谐和人民福祉。

另一个例子是，在企业管理中，管理者避免使用复杂的激励机制或高度结构化的组织体系，转而倡导一种更自由、更协作的工作环境。鼓励员工从本质出发，找到工作的真正意义，而不是仅仅追求金钱或晋升。这种不依赖外在激励的管理方式更容易激发员工的内在动力，从而实现企业的长远发展。

总结：《道德经》第六十五章强调了不过分依赖智慧去治理国家和民众的重要性，提倡保持民众的朴实和淳厚。通过这样的治理方式，可以实现人民的福祉和社会的和谐。现实生活中的城市治理和企业管理等案例，都表明了这一观点的实际应用价值。在领导和管理中，我们可以从这些原则中汲取智慧，更好地实现治理目标。

第六十六章

江海所以能为百谷王者，以其善下之，故能为百谷王。是以圣人欲上民，必以言下之；欲先民，必以身后之。是以圣人处上而民不重，处前而民不害。是以天下乐推而不厌。以其不争，故天下莫能与之争。

老子的《道德经》第六十六章，主要阐述了一位伟大领导者应该如何以谦逊和包容的态度来赢得民心。以下是从哲学角度出发，结合现实案例对本章内容进行分析。

首先，“江海所以能为百谷王者，以其善下之”。在这里，老子以“江海”为喻，强调一个伟大的领导者之所以能赢得众人的尊敬和信任，关键在于他的谦逊和低调。江海之所以能汇集百谷之水，是因为它地势较低，水流自然汇聚于此。借古喻今，一个优秀的领导者应以谦逊包容的态度对待他人，才能够获得大家的支持和信任。

其次，“是以圣人欲上民，必以言下之；欲先民，必以身后之”这句话表明，圣人在领导时要用言行来体现谦逊。他们不仅要在言语上尊重民众，还要用行动来为民众谋利益。这样，他们才能赢得民心，实现真正的领导。

在现实生活中，有许多优秀的领导者展示了这种降服自我、承认他人优点的品质。以杰克·韦尔奇为例，杰克·韦尔奇（Jack Welch）是美国通用电气公司（General Electric,GE）的前首席执行官（CEO），并且广泛地被认为是20世纪最成功、最有影响力的商业领袖之一。他从1981年开始担任GE的CEO，一直到2001年退休。在他的领导下，GE实现了显著的市场资本增长和企业发展多元化，公司的市值也大幅提升。因此，描述他为“20世纪最出色的CEO之一”是准确的。他在任内引领通用电气取得了显著的成功。韦尔奇能够如此高效地领导他的团队，很大程度上是因为他的自谦和无私态度。他始终致力于员工的个人需求和职业发展，乐于听取他们的反馈，从而营造了一个开放和互助的工作环境。这种低调、不争霸的领导风格使得通用电气持续地走在成功的道路上，最终发展成为全球领先的企业。

最后，“以其不争，故天下莫能与之争”这句话强调了谦逊的领导者不与他人争斗，从而使得他在世人之间无人能与之争。这是因为谦逊的领导者懂得放下自我，关注他人的需求，这种无私的精神会自然而然地获得他人的尊敬。他们并不试图通过竞争和争斗来证明自己，而是通过合作和支持他人来共同取得成功。这种领导风格使领导者更容易获得信任和尊重，也使团队和组织更加和谐、有凝聚力。

例如，沃尔玛创始人山姆·沃尔顿就是典型的谦逊领导者。他始终保持谦逊的态度，关注员工的需求，尊重他们的意见。他的领导风格是鼓励沃尔玛员工在团队中发挥积极作用，共同努力提高企业的竞争力。正是因为他的谦逊的态度和无私的精神，沃尔玛才得以迅速发展，成为世界零售巨头。

总结：《道德经》第六十六章通过用江海作比喻，阐述了一个伟大领导者应以谦逊、无私的态度赢得民心。这种领导者会用言行尊重民众，关注他们的需求，并通过合作和支持民众来实现共同成功。

第六十七章

天下皆谓我道大，似不肖。夫唯大，故似不肖。若肖，久矣其细也夫！我有三宝，持而保之：一曰慈，二曰俭，三曰不敢为天下先。慈，故能勇；俭，故能广；不敢为天下先，故能成器长。今舍慈且勇，舍俭且广，舍后且先，死矣！夫慈，以战则胜，以守则固。天将救之，以慈卫之。

本章强调了道家三宝在国家治理和个人品行方面具有的重要作用。以下是对本章内容的具体解读。

首先，“天下皆谓我道大，似不肖”。这里阐述了道教的智慧被认为是伟大的，但从外表上看起来并不显赫。道家的思想强调内在的品质和潜能，而非外在的繁华与表象。

其次，“我有三宝，持而保之：一曰慈，二曰俭，三曰不敢为天下先”。在这里，老子阐述了道家的三个价值观：慈爱、节俭和谦逊。这些价值观对国家的治理和个人的品行具有指导作用。

第三，“慈，故能勇”，意思是慈爱让一个人拥有勇气和力量。在国家治理中，慈爱能帮助领导者关注民生，关爱百姓，为人民谋福祉。在个人生活中，慈爱让人关爱他人，拥有同理心和善良的品质。

第四，“俭，故能广”，意思是节俭让人能够广泛地利用资源。在国家治理中，节俭可以帮助领导者善用国家资源，避免浪费，提高效率。在个人生活中，节俭让人懂得珍惜和善用所拥有的，过上充实的生活。

第五，“不敢为天下先，故能成器长”，意思是谦逊使人不敢抢在天下之先，所以能够成为有品质的领导者。在国家治理中，谦逊让领导者克服自负和狂妄，勇于听取民意，更好地为民服务。在个人生活中，谦逊让人保持谦虚谨慎，尊重他人，更好地与他人相处。

最后，老子还提道：“慈以战则胜，以守则固。天将救之，以慈卫之”。他认为慈爱的力量能够战胜敌人，守护国家安全。这也说明了道家思想强调内在品质和道德的重要性。

在《道德经》第六十七章的实践中，我们可以从美国历史人物亚伯拉罕·林肯的事迹中找到生动的例子。林肯是美国的第十六任总统，被广泛认为是美国历史上最伟大的总统之一。他在美国内战期间和废除奴隶制的进程中都体现了道家三宝的价值观。

首先，在慈爱方面，林肯在内战期间始终将国家和人民的福祉放在首位。他的目标不仅是北方的胜利，而且是维护国家的统一和让所有人实现自由。他的著名演说《葛底斯堡演说》中，他清楚地表达了对国家和人民的深厚情感以及对平等和自由的执着追求。

其次，在节俭方面，尽管处在战争时期，林肯仍然非常注意资源的合理使用和分配。他非常注重军事行动的效率和成本，努力减少战争对民众和国家财政的影响。

最后，在谦逊方面，林肯一直保持低调和实事求是的态度。他没有因为自己的权力和地位而变得傲慢或自负。他勇于承认错误，乐于听取他人的意见，这一点在他的内阁组成上表现得尤为明显，因为他敢于任用一些与自己观点不同的人。

亚伯拉罕·林肯的一生充分体现了道家三宝（慈爱、节俭和谦逊）在国家治理和个人品行方面的重要作用。他的领导风格和价值观为后人树立了楷模，也证明了这些价值观在实际生活中的普遍适用性。

总结：《道德经》第六十七章中的道家三宝在林肯的一生中得到了充分体现。他的事迹启示了我们，慈爱、节俭和谦逊的价值观在国家治理和个人品行方面具有重要的指导作用。

第六十八章

善为士者不武，善战者不怒，善胜敌者不与，善用人者为之下。是谓不争之德，是谓用人之力，是谓配天、古之极。

老子的《道德经》第六十八章，主要阐述了领导者应具备的品质和智慧：和平、冷静、谦逊以及善于运用人力。以下是从哲学角度出发，结合现实案例对本章内容进行分析。

首先，“善为士者不武，善战者不怒”。这里强调了领导者应追求和平，避免不必要的冲突，同时在处理问题时保持冷静、理智。一个优秀的领导者不会轻易诉诸武力，而是通过和平手段解决问题；在面对挑战时，他们能保持冷静，不被情绪所左右。

例如，德国前总理安格拉·默克尔在她长达16年的任期内，展示了一种冷静、理性以及强调多边主义的外交政策。特别值得注意的是，在面对2015年的欧洲难民危机时，她不仅冷静地评估了形势，而且选择通过外交和人道手段来解决问题，这一做法赢得了国际社会的广泛赞誉。同样地，在欧洲债务危机中，默克尔也通过和平与外交手段，推动了欧元区各国的合作和对话，避免了更大规模的经济和社会动荡。这种在压力和困难环境下仍然保持冷静和理智的领导方式，使她在处理各种国际和内部事务中取得了令人瞩目的成就。

其次，“善胜敌者不与，善用人者为之下”。这里表明，优秀的领导者不与他人争斗，而是设法取得共赢；同时，他们懂得谦逊，能够善于运用人力。一个真正的强者不在于战胜他人，而在于实现互利共赢；同时，一个好的领导者会把自己放在更低的位置，以更好地利用和激发团队的潜力。

以联合国前秘书长潘基文为例，他在任期内成功推动了众多国际合作项目，实现了不少共赢的成果。同时，他以谦逊的态度对待他人，使得各方更愿意与他合作，进一步发挥了团队的力量。

最后，这一章节表达了“不争之德，用人之力，配天、古之极”的道理。这里强调了领导者应遵循“不争”的原则，善于利用人力资源，以实现更高的目标。这一观念在领导、管理和个人成长方面具有指导意义。

总结：《道德经》第六十八章从哲学角度阐述了领导者应具备的品质和智慧，包括和平、冷静、谦逊和善于运用人力资源。这些品质和智慧在现实生活中具有普遍的指导意义。通过现实生活中的案例，我们可以看到，无论在领导、管理还是个人成长方面，这些品质都能为我们提供重要的启示和指导作用。

第六十九章

用兵有言："吾不敢为主而为客，不敢进寸而退尺。"是谓行无行，攘无臂，扔无敌，执无兵。祸莫大于轻敌，轻敌几丧吾宝。故抗兵相加，哀者胜矣。

老子的《道德经》第六十九章，主要讲述了在战争与竞争中，领导者应如何以谦逊、审慎的态度对待敌人，以取得最终的胜利。以下是从哲学角度出发，结合现实案例进行分析。

首先，"吾不敢为主而为客，不敢进寸而退尺"，这里强调了在竞争中，一个优秀的领导者总是保持谦逊、审慎的态度，而不是傲慢、莽撞行事。他们不主动挑起争端，而是以守为主，从而避免不必要的损失。

其次，"祸莫大于轻敌，轻敌几丧吾宝"这句话警告我们，在竞争中，轻敌是最大的危险。因为轻敌会让我们失去警惕，从而失去宝贵的资源和机会。因此，领导者应始终保持谦逊、审慎的态度，对待竞争和挑战。

最后，"故抗兵相加，哀者胜矣"表明，在战争或竞争中，保持悲悯之心的一方更容易取得胜利。这是因为悲悯之心可以使领导者对待竞争更加冷静、理智，从而制定出更明智的策略。

现实生活中的案例，如宝洁公司，在长期的市场竞争中，宝洁一直保持着谦逊、审慎的态度，尊重竞争对手，密切关注市场变化。在面对与竞争对手的挑战时，宝洁不轻视对手，而是努力提升自身实力，优化公司产品和服务。正因如此，宝洁得以在激烈的市场竞争中屹立不倒，并逐渐发展壮大。

总结：《道德经》第六十九章从哲学角度阐述了领导者在战争与竞争中应如何以谦逊、审慎的态度对待竞争对手，以取得最终的胜利。这些观点在现实生活中具有普遍的指导意义，无论是在国家治理、企业管理，还是个人成长方面，都能为我们提供重要而宝贵的启示。通过现实生活中的案例，如宝洁公司，我们可以体会到保持谦逊、审慎的态度在取得成功和长远发展中的重要性。

第七十章

吾言甚易知，甚易行；天下莫能知，莫能行。言有宗，事有君。夫唯无知，是以不我知。知我者希，则我者贵。是以圣人被褐【hè】而怀玉。

老子在本章中强调，道的智慧虽然简单易懂，但天下之人却难以理解和实践。这是因为人们往往被表象所迷惑，难以领悟事物的本质。

首先，“吾言甚易知，甚易行。”在这里，老子表达了“道”的智慧并不复杂，相反地，它是容易理解和实践的。然而，尽管“道”的智慧如此简单明了，却很少有人能够真正理解和遵循。这是因为人们往往容易被表象所迷惑，忽略了事物的内在联系和本质。

在现实生活中，有很多例子可以说明这一观点。例如，在现代社会中，社交媒体的迅速发展很容易让人们沉迷于表面的“点赞”和“关注”，而忽视了真实社交和个人成长的价值。人们追求短暂的满足和外界的认可，却很少有时间去思考和实践如何与他人以及自己建立更深刻和有意义的联系。如果人们能遵循“道”的智慧，放慢节奏，深入思考，就能明白社交媒体只是工具而非目的，从而在追求人际关系和个人成长时达到更高的境界。

其次，“言有宗，事有君。”这句话告诉我们，言论和行为都应该有一个根本的准则。在道家哲学中，这个准则就是“道”。“道”是自然界的原则，它贯穿于宇宙万物之中。只有遵循“道”的指引，我们的言行才能真正符合自然的规律，实现和谐与平衡。

例如，在智能城市的设计和实施中，遵循道家哲学的原则具有独到的价值。智能城市的目标是通过高度集成的信息和通信技术来优化城市运行，提高居民的生活质量。然而，在追求技术进步和发展效率的过程中，有时容易忽视与自然环境和社会文化的和谐共生。如果城市规划者能遵循“道”的智慧，他们不仅会关注技术和效率，还会关注可持续性、文化传承和社会公平等多个维度。这样，智能城市不仅会成为技术进步和发展效率的高地，还能成为人与自然、人与社会和谐共生的典范。

再次，“夫唯无知，是以不我知。知我者希，则我者贵。”老子在这里指出，正是因为人们无知，才无法理解“道”的智慧。能够真正理解“道”的人是稀有的，所以这种理解变得非常宝贵。换句话说，只有当我们摒弃无知，努力追求真知，才能领悟到“道”的奥妙。

现实生活中，我们可以从教育领域举例。一种好的教育应该旨在启迪人们的智慧，帮助他们摆脱无知，以便更好地理解和实践“道”的智慧。例如，在课堂上，教师不仅要传授知识，还要培养学生的思考能力、判断能力和实践能力。这样，学生才能真正理解“道”的智慧，并将其应用于生活中。

最后，“是以圣人被褐而怀玉。”这句话表达了圣人表面看似普通，内心却怀有宝贵的“道”的智慧。这也提醒我们，要摒弃浮华与虚荣，专注于追求内心的真实与本质。

在现实生活中，可从精益制造的管理哲学中找到老子思想的体现。精益制造是强调减少浪费、优化流程，以达到最高效、最大价值的生产方式。这一管理哲学与道家关于“道”的观念相吻合：追求简单、有效，并与自然的规律相一致。在精益制造的实践中，企业不仅提高了效率，还能够可持续地使用资源，减少浪费，这也恰好符合道家哲学中关于与自然和谐共处、实现可持续发展的理念。这样，企业不仅短期内获得了利润，同时也为长远发展打下了坚实的基础。

总结：《道德经》第七十章强调了“道”的智慧的简单和易懂，但由于人们的无知和迷失，难以领悟和实践。通过对现实生活中案例的分析，我们可以领悟到，只有摒弃无知，遵循“道”的智慧，才能实现人与自然、人与社会的和谐共生。同时，我们应该像圣人一样，表面朴素，内心怀有宝贵的智慧，专注于追求内在的真实与本质。

第七十一章

知不知，上；不知知，病。夫唯病病，是以不病。圣人不病，以其病病，是以不病。

这一章阐述了一个很重要的哲学观念，知道自己还有所不知。在这里，老子提醒我们要谦虚、自省，认识到自己认知的局限性。因为只有这样，我们才能不断地学习、成长，避免在错误中沉沦。以下是对本章内容的具体解读。

首先，老子指出："知不知，上"，意思是知道自己还有所不知是一种极高的智慧。这是因为当我们认识到自己还有所不知时，我们就不会盲目地相信自己的观念，而是会更加谨慎地对待各种问题，更加愿意倾听他人的意见，从而避免走入误区。

其次，老子谈道："不知知，病。"这里的"病"指的是心灵上的病。当一个人不知道自己有所不知时，他容易变得骄傲、固执，不愿意接受别人的意见和帮助。这样的人很难取得成功，因为他们总是在自己的错误中徘徊，无法摆脱困境。

最后，老子提道："圣人不病，以其病病，是以不病。"这句话告诉我们，圣人之所以能成为圣人，就是因为他们时刻警惕自己还有所不知，不断地学习、成长。

他们能认识到自己认知的局限性，所以可以避免走入误区，实现内心的安宁与和谐。

现实生活中，许多成功人士都深刻地理解并实践了这一道理。例如，第一位诺贝尔奖华人获得者杨振宁，他曾在一次演讲中提道："活到老，学到老。"这句话传达了杨振宁对知识渴求的热情和对自己还有所不知的认识。正是这种谦逊和自省的态度，使他能够不断地学习新知识、拓宽视野，最终成为世界上最具影响力的物理学家之一。

同样地，沃伦·巴菲特这位投资界的传奇人物，也是一个深谙谦虚自省之道的人。芒格评价他说："巴菲特就是一台学习机器。"正是这种谦逊的态度和对自己认知局限性的认识，使他能够在投资领域不断学习、积累经验，成为世界上最成功的投资者之一。

从这些现实生活中的例子可以看出，《道德经》第七十一章的智慧在现代社会仍具有重要的指导意义。它提醒我们要保持谦虚、自省的态度，时刻认识到自己有所不知，不断地学习、成长，从而能够在各个领域取得成功。

在团队合作中，一个认识到自己有所不知的领导者会更加尊重团队成员的意见，愿意倾听、学习，从而更好地激发团队的创造力，推动团队不断向前发展。同样地，一个谦虚自省的员工也会更加乐于与他人分享、合作，从而提高团队的凝聚力和执行力。

在个人成长方面，谦虚自省也是非常重要的品质。只有意识到自己的无知，我们才会更加珍惜学习的机会，不断拓展知识面，提高自己的能力。这样，我们才能在职场、生活中取得更大的成就。

总结：《道德经》第七十一章的哲学启示在现代社会仍具有深远的影响。它提醒我们要保持谦虚、自省的态度，认识到自己还有所不知，以便在各个领域取得成功。通过现实生活中的案例，我们可以看到这一哲学观念是如何在各个领域发挥作用的。因此，我们应该珍惜这一智慧，将其融入我们的日常生活，不断追求进步，实现自己的潜能。

第七十二章

民不畏威，则大威至：无狎其所居，无厌其所生。夫唯不厌，是以不厌。是以圣人自知，不自见；自爱，不自贵。故去彼取此。

老子的《道德经》第七十二章，主要阐述了领导者应如何通过谦逊的态度和理解民意来达到有效治理的目的。以下是从哲学角度出发，结合现实案例进行分析。

首先，“民不畏威，则大威至”。意思是当通过道德来管理的政治，做到没有任何形象上的威严时，才是真正的威严。老百姓会自动地遵守道德规范，而不是依靠外在刑法的管制。这句话强调了当领导者能通过道德和理解来管理，而非依赖外在的权威和刑法，他们就能达到一种更高级和更有效的威严。人们会自动遵守这种威严背后的道德规范，而不是出于对刑罚的恐惧。这里老子在提醒领导者们，真正的权威不是通过外在的压迫或恐吓来实现的，而是通过道德的力量和公众的自愿服从来达成的。在这样的社会环境下，民众不会感到畏惧，反而会更加尊重和遵守规则，因为他们认为这些规则是合理和公正的。如果想进一步理解这一概念，也可以从心理学的角度来看。当人们认为一个规则或命令是合理的，他们更愿意自觉遵守，而不仅仅是因为害怕惩罚才去遵守。这种内在的服从更加持久和稳定，也更能促进社会和谐。

其次，“无狎其所居，无厌其所生。夫唯不厌，是以不厌”这里强调领导者不要逼迫民众不得安居，不要压榨阻断其谋生的道路。只有当领导者关爱民众的生活，民众才会回报他们的支持和信任。

最后，“是以圣人自知，不自见；自爱，不自贵。故去彼取此”这里指出，一个有智慧的领导者会自知、自爱，但不自负、不自高。他们会关注民众的需求，而不是过分强调自己的地位和权力。在处理问题时，领导者要舍弃自负的态度，采用更加关爱民众的方式。

瑞典环保少女格蕾塔·桑伯格（Greta Thunberg）不依靠任何形式的政治或社会权力，但凭借其道德威望和诚实直言，成功地引发了全球对气候变化问题的关注。格蕾塔·桑伯格从一名学生抗议者成长为国际知名的环境活动家，她的影响力不是建立在权威或权势上，而是源于她的道德观点和坚定立场。她激发了全球范围内的年轻人和成年人参与环境保护的行动，成为一个道德的楷模。

通过格蕾塔·桑伯格的事例，我们可以领悟到，当领导者以道德和信念为导向，而非依赖权威或威胁，他们能够获得更深远和持久的影响力。这与《道德经》中“民不畏威，则大威至”的观点高度吻合。

成龙是一位国际著名的电影演员、导演和制片人，他的成功离不开谦逊、低调的品质。在成龙的演艺生涯中，他始终坚持自我要求，对自己的表现保持谦逊和低调的态度。他关心和帮助后辈演员，这使得成龙在演艺圈中备受尊敬，也为他赢得了广泛的好评和支持。

总结：《道德经》第七十二章从哲学角度阐述了领导者应如何通过谦逊的态度和理解民意来达到有效治理的目的。这些观点在现实生活中具有普遍的指导意义，无论是企业管理还是国家治理，领导者都应以民为本，关注民生，这样才能赢得民心，实现和谐与发展。

第七十三章

勇于敢，则杀；勇于不敢，则活。此两者，或利或害。天之所恶，孰知其故？是以圣人犹难之。天之道，不争而善胜，不言而善应，不召而自来，繟【chǎn】然而善谋。天网恢恢，疏而不失。

在这一章节中，老子表达了对勇敢与谦逊的看法，并指出天道的运行原则。他认为，勇敢并非一味地冒险和追求胜利，而是在不冒险的情况下取得胜利。同时，老子认为天道“不争”“不言”“不召”，却能自然而然地达到目的。最后，他提道：“天网恢恢，疏而不失”，暗示了天道的智慧和公平。以下是对本章节内容的具体解读。

首先，“勇于敢，则杀；勇于不敢，则活”这句话阐述了勇敢与谨慎的关系。勇敢到冒失的人可能会因冲动而导致自己的死亡；而勇敢的同时懂得谨慎行事的人，更容易生存。这里提醒我们在行动时要有所思考，避免过于冒失。

其次，“此两者，或利或害”这句话指出勇敢与谨慎的利害关系。在某些情况下，勇敢是有利的，而在另一些情况下，谨慎才是更为明智的选择。我们需要根据实际情况来权衡行动。

第三，“天之所恶，孰知其故？”这句话表达了人类很难预测自然规律的变化。这里的“天”可以理解为自然规律，而“所恶”则指自然对人类的抗拒。要想领悟自然规律的奥秘，需要长时间的观察与思考。

第四，“是以圣人犹难之”这句话告诉我们，即便是圣人，也难以完全掌握自然变化的规律。这意味着人类对自然规律的认知是有限的，我们应该谦卑地对待自然规律。

第五，“天之道，不争而善胜，不言而善应，不召而自来，繟然而善谋”这句话描述了自然规律的特点。自然规律并不需要去争夺，而是以和谐的方式存在；自然规律并不需要言语，却总能以合适的方式回应；自然规律并不需要被召唤，却总是自发地出现；自然规律虽然悠然自得，却总是能巧妙地安排一切。

最后，“天网恢恢，疏而不失”这句话暗示了自然规律的法则无处不在，虽然看似疏松，却无所遗漏。天道公平，作恶就要受惩罚，它看起来似乎很不周密，但最终不会放过一个坏人。

王阳明是明朝时期著名的儒家学者、政治家和军事家。他提出了“心即理”的哲学观点，强调知行合一，是把儒学与道家思想结合的代表人物。

对于“天之所恶，孰知其故？”王阳明有着深刻且独到的解读。在他来看，人首先需要对自己进行精神生活的充实和道德修养的提升，以达到一种内在的平和，然后才能够安抚和理解外在世界的自然规律和社会秩序。他的这一思想不仅反映了对自然规律和社会稳定之间错综复杂关系的深刻洞察，也指出了如何通过内修来达成与自然规律和社会秩序的和谐共存。

同样地，王阳明的“知行合一”的理论也为“天之道，不争而善胜，不言而善应，不召而自来，繟然而善谋”这一道家思想提供了一种现实的应用路径。他认为，知识并不仅仅是理论，而是需要通过行动来实践和验证。这一点不仅得到了社会各界的广泛认同，还影响了他与人民、朝廷，甚至与自然界的相处方式。在他的引导和实践下，很多当时看似难以调和的矛盾和冲突得到了有效的解决。比如在明朝的历史背景下，王阳明曾负责镇压割据势力和土匪，尤其是在江西的活动。他不仅用兵娴熟，还大力推广“知行合一”的理念，强调道德修养和社会责任，从而在军队和当地民众中赢得了高度的尊重和信任。王阳明相信，内心充满正义和道德的人会自然而然地行善，这也会激发群众的内在力量，使他们更愿意参与到反对割据势力和土匪的行动中。

在他的指导下，王阳明的军队和当地民众合作无间，成功地镇压了多起反叛和匪患，为当地社会带来了稳定与和谐。这些具体的行动和成功的案例有效地展示了如何通过“知行合一”和道德自律来解决看似难以调和的社会矛盾和冲突。他的这一做法不仅为当时的明朝政权稳定作出了贡献，也在后来的文人和哲学家中产生了深远的影响，被视为“不争而善胜”的典型案例。

最后，关于“天网恢恢，疏而不失”，王阳明同样赋予了这一思想深厚的道德内涵。他强调个体应当有强烈的道德自律和对公共责任的高度重视。他不仅反对一切形式的贪污腐败，更是通过自己在政治和社会活动中的实际行动，以身作则地纠正当时社会上普遍存在的不正之风。他认为，遵守道德规范和社会规则是与“天道”达成和谐的关键，这一点在他的行动和教诲中得到了充分的体现。

总结：通过对《道德经》第七十三章的深入解读，我们可以领会到其中蕴含的丰富哲学思想。这些思想对我们现代人来说具有很高的指导价值，无论是在面对挑战时保持勇敢与谨慎的平衡，还是在对待自然规律时保持谦卑与敬畏的态度，以及在处理社会关系时遵循“不争而善胜”的原则，都可以为我们在生活中做出更明智的决策提供指导。

第七十四章

民不畏死，奈何以死惧之？若使民常畏死，而为奇者，我得执而杀之，孰敢？常有司杀者杀。夫代司杀者杀，是谓代大匠斫【zhuó】。夫代大匠斫者，希有不伤其手矣。

在《道德经》第七十四章中，老子从哲学角度阐述了死亡、恐惧和领导方式的关系。以下是对这一章的详细解读。

首先，“民不畏死，奈何以死惧之？”提出了一个问题：如果人们不害怕死亡，那么为什么要用死亡来威胁他们呢？这句话表达了一个观念：领导者要了解人民的心理，才能有效地管理他们。这里指出，死亡的恐惧并非人们的本能，而是社会环境和领导者对人民心理的影响所导致的。这里的“民”指人民，是指被领导和管理的对象。而“死”则是终极的恐惧，代表着无法逆转的结局。

其次，“若使民常畏死，而为奇者，我得执而杀之，孰敢？”从权力和责任的角度深化了对领导者角色的探讨。这句话指出，领导者有能力通过人民对死亡的恐惧来加强对他们的控制，但这种能力是把双刃剑。特别是在提到“奇者”时，意味着这种权力甚至可以延伸到那些在社会中具有特殊地位或才能的人。这些“奇者”由于其独特的社会地位或个人才能，容易成为领导者权力运用的焦点或者操纵的对象。因此，这句话也具有强烈的警示意味，提醒领导者在运用这种巨大但危险的权力时，需要表现出审慎的态度和强烈的责任心，以维护社会结构和社会信任。这不仅关乎对普通民众的影响，还关乎如何合理地与那些社会中的“奇者”互动，以防权力的滥用和社会秩序的破坏。

再次，“常有司杀者杀”不仅指出领导者不应亲自动手执行死刑或有暴力行为，而且暗示了更深层次的道德和责任问题。这句话强调，领导者应该避免直接参与不道德或者暴力的行动，并将这种任务交给那些专门负责的人。在这里，“司杀者”通常被理解为古代负责执行死刑或战争中负责杀敌的人。这句话在某种程度上也警示了，如果领导者亲自动手，将会承担更多的道德和心理负担，有可能导致权力的滥用或道德的沦丧。因此，这不仅是关于工作分工的问题，更是关于如何在权力结构中道德地和负责任地运用权力的问题。

然后，“夫代司杀者杀，是谓代大匠斫。”这句话告诉我们，领导者不应试图扮演其他角色，而应该把精力集中在更重要的事务上，这里的“大匠斫”暗喻领导者应专注于战略规划和宏观决策。这里的“代”字表达了领导者试图替代下属执行任务的行为，而“大匠斫”则比喻领导者应扮演的角色，即关注整体战略和宏观决策。这段话强调了领导者应当明确自己的角色定位，不应试图替代下属去执行具体任务。通过用“大匠斫”做比喻，这句话进一步强调了领导者应当将精力集中于战略规划和宏观决策，而非细致的执行层面。这样的角色定位不仅能更有效地运用领导者的专长和资源，还有助于形成一个高效、责任明确的组织结构。

最后，“夫代大匠斫者，希有不伤其手矣。”是在警示领导者要尊重下属的职责，避免过度干预，以免造成不良后果。这里的“手”形象地表示领导者的能力和职责。该段落用“希有不伤其手矣”进一步警示领导者，如果过度干预下属的职责和任务，很可能会“伤其手”，会受累自身，不利于自己的职能发挥，即损害自己的领导力和组织的健康运行。这里的“手”不仅象征领导者的能力和权威，还暗示了领导者与下属之间应有的互信和分工合作的重要性。过度干预不仅可能导致下属的士气降低，还可能影响整个组织结构的稳定和下属的工作效率。因此，领导者应当明确自己的角色，尊重和信任下属，从而实现组织目标的高效达成。

总结：《道德经》第七十四章从哲学角度进行了深入探讨，为领导者提供了重要的参考。本章案例中的事迹正是对这一章内容的深刻解读。

第七十五章

民之饥，以其上食税之多，是以饥；民之难治，以其上之有为，是以难治；民之轻死，以其上求生之厚，是以轻死。夫唯无以生为者，是贤于贵生。

老子在这一章中提出了一个观点，民众之所以饥饿、难以管理和轻视死亡，是由统治者的行为造成的。他认为，一个贤明的领导者应当关注民生，避免以追求自己的权力和地位为前提。在这一章中，我们可以从哲学角度探讨民生问题的重要性以及领导者的责任。

首先，老子谈到民众之所以饥饿，是因为统治者征收过多的粮食税收。在古代社会，农业是主要的经济来源，粮食税收是国家财政的重要支柱。然而，过高的税收会导致民众生活困苦，进而引发社会动荡。这种现象在历史上屡见不鲜，如中国古代的农民起义、法国大革命等，都与过高的税收有关。因此，关注民生，合理调整税收政策，是领导者维护社会稳定、保障民众福祉的重要义务。

在现代社会，虽然粮食税收已不再是主要税种，但许多国家和地区仍面临着税收制度不公、税负过重等问题。政府应当调整税收政策，降低对低收入者的税负，减轻民生压力。例如，一些国家实行所得税累进制度，为低收入者提供税收减免，以减轻他们的生活负担。

其次，老子认为民众难以管理的原因是统治者过于有为。在道家哲学中，有为与无为是一对重要概念。有为意味着过多的干预，而无为则是顺应自然，让事物自发发展。过多的干预会导致民众反感，甚至反抗。领导者应该顺应民意，实行适度的管理政策，给予民众更多的自由和权利。这样，民众才能够自发地遵守法律，维护社会秩序。

现实中，许多国家和地区通过不同的方式体现了道家“无为而治”的思想。例如，瑞士的直接民主制度允许民众通过公投和提案直接参与政治决策，从而减少了政府不必要的干预。新西兰在土著权益保护方面也展示了相对的“无为”，尽量减少对土著文化和生活方式的干预，以维护其传统和文化遗产。另外，一些城市或国家设有“自由经济区”或“特别经济区”，在这些区域内政府减少了对商业活动的管制和税收，以促进自由市场和创新。这些都是“无为而治”的理念在现代社会中的应用，它们旨在通过最低限度的干预，创建一个民众可以更自由、更自然地发展的环境。

最后，老子指出民众轻视死亡的原因是统治者过于追求生活的奢华。当统治者沉湎于物质享受，忽视民生问题时，民众就会感到失望和愤怒，从而轻视生死。老子认为，只有那些不以追求物质享受为目的的统治者，才能真正尊重生命，关爱民众。

以现实案例来说明，无国界医生（Doctors Without Borders）是一个国际非政府组织，该组织不计成本地在全球范围内提供急需的医疗援助。不论在冲突地区还是在自然灾害发生的地方，他们都会全力以赴去救助那些身处困境的人们。这种尊重生命、关心民生的行为得到了国际社会的广泛赞誉。这些行为体现了老子所强调的“无以生为者，是贤于贵生”。

总结：《道德经》第七十五章通过关注民生问题，揭示了领导者的责任和应具备的道德修养。领导者应关注民生，调整税收政策，实行适度治理的政策，尊重生命，关爱民众。这不仅体现了道家哲学的智慧，也为现代社会提供了有益的启示。

第七十六章

人之生也柔弱，其死也坚强。草木之生也柔脆，其死也枯槁。故坚强者死之徒，柔弱者生之徒。是以兵强则灭，木强则折。强大处下，柔弱处上。

本章强调了柔弱之道具有巨大的生命力和韧性。生命和道的本质是柔弱，只有柔弱才能拥有无穷的生命力，坚强战胜死亡。以下从哲学角度对本章内容进行具体解读。

我们可以看到老子通过生命中柔弱与坚强的对比，阐述了生命的本质和道的运行规律。首先，老子提道："人之生也柔弱，其死也坚强"，这里的"柔弱"和"坚强"分别代表了生命的活力与无生命的僵硬。生命的开始，是充满活力、柔软而富有生机的；而死亡则是僵硬、坚强的。

其次，老子以草木为例，强调了生命的柔弱和死亡的坚强。他说："草木之生也柔脆，其死也枯槁。"这里的"柔脆"和"枯槁"也分别代表了生命的柔软与死亡的僵硬。草木在生长过程中，是柔软、脆弱的；而在死去之后，就变得枯萎、僵硬，失去了生命的活力。

再次，老子指出："故坚强者死之徒，柔弱者生之徒。"这句话告诉我们，死亡与坚强紧密相连，生命则与柔弱紧密相连。生命的本质是柔弱，因为只有柔弱才能适应变化，拥有无穷的生命力。相反地，坚强意味着僵硬、死板，无法适应变化，最终走向死亡。

然后，老子运用战争和木材的例子来进一步阐述柔弱与坚强的哲学观点。他说："是以兵强则灭，木强则折。"在战争中，过于强大的军队往往无法取得胜利，因为它们容易变得自大、固执，失去应对变化的能力。而柔弱的军队，因为知道自己的不足，更加珍惜生命，更能灵活地应对战争的变化，从而取得胜利。同样地，木头如果过于坚硬，就容易被破坏和折断，失去了它的实际用途。相反地，柔软的木头更容易加工和应用，因此具有更高的价值。

最后，老子总结了柔弱与坚强之间的关系："强大处下，柔弱处上。"这句话告诉我们，在生命和道的运行过程中，强大和坚强的力量往往处于下位，而柔弱的力量则占据上风。这是因为柔弱具有更强大的生命力和更高的适应性，能够在变动不居的世界中生存和发展。

这里我们以阿里巴巴的商业故事为例。阿里巴巴的商业成功可以说是典型的"柔弱者生之徒"的例证。它的成长经历充满了挫折和失败，但正是这些经历使它更具生命力和韧性。马云在创办阿里巴巴之初，面临着巨大的市场竞争和资金压力，但他没有选择硬碰硬地与竞争对手抗衡，而是灵活调整战略，发挥阿里巴巴的优势，以柔克刚，最终取得了成功。

阿里巴巴管理者的风格也充分体现了“柔弱者生之徒”的精神。公司强调团队互相合作、支持，注重员工的成长和发展。公司相信，一个团队要想取得成功，就必须拥有柔弱的内心，才能适应市场的变化，发挥出最大的潜力。正是这种柔弱的领导风格，使得阿里巴巴成为全球最成功的电子商务企业之一。

总结：《道德经》第七十六章通过论述生命中柔弱与坚强对比等方面的观点，为我们提供了深刻的哲学启示。这些观点在现实生活中具有很高的指导价值，可以帮助我们更好地应对生活中的挑战，实现自身的发展。

第七十七章

天之道，其犹张弓与？高者抑之，下者举之；有余者损之，不足者补之。天之道，损有余而补不足，人之道则不然，损不足以奉有余。孰能有余奉天下？唯有道者。是以圣人为而不恃，功成而不处，其不欲见贤。

在这一章中，老子通过“张弓”的比喻，阐述了道（自然法则）的运作方式及圣人行事的原则。这里的“张弓”象征着天道的平衡与调节作用。老子认为，天道能够在万物之间实现平衡与调节，损有余补不足，从而使世间保持和谐。与此相反，人的行为往往偏离天道，损不足以奉有余。因此，只有遵循道的人才能实现天下的和谐。

从哲学角度来看，这一章主要表达了两个观点：一是天道的平衡与调节作用，二是圣人行事的原则。

首先，老子借助“张弓”的比喻揭示了天道的平衡与调节作用。弓在张开的过程中，高处被拉低，低处被拉高，最终实现平衡。这恰恰体现了天道的“损有余补不足”的原则。与此相似，在现实生活中，当某个领域发展过快，出现资源过剩时，自然会出现调整，使资源重新分配，达到平衡。这正是亚当·斯密《国富论》主张的市场是“一只无形的手”的理论。市场经济自动调节的作用会使资源从富裕领域转移到贫困领域，最终实现整体经济的均衡。

2008 年金融危机中，美国房地产市场过热，出现泡沫，最终引发金融危机。这次危机实际上是天道对过度发展的一种调节，使美国房地产市场从泡沫中回归到正常发展轨道。

其次，老子提出了圣人行事的原则。圣人顺应天道，损有余补不足，能够实现天下的和谐。在行事过程中，圣人不恃才傲物，不以功劳矜宠，不追求名利，恪守道德原则。这种品质对于现代社会具有重要的启示意义。在现实生活中，我们应该学习圣人的品质，关注弱势群体，助人为乐，追求公平正义，而非一味地追求个人名利，只有这样，才能够实现社会的和谐与进步。

以循环经济为代表的新型商业模式，比如“服装租赁服务”等，它们不仅在商业领域展现了创新和可持续性，还为社会实现了资源分配的更加合理化。这种商业模式减少了资源浪费，使得那些没有多余财力购买名牌服装的消费者也能体验高品质生活，同时能有效地减少服装制造和废弃带来的环境压力。这一切都体现了“损有余补不足”的道德原则，为社会和谐与可持续发展作出了积极贡献。

总结：老子在《道德经》第七十七章中通过“张弓”的比喻，阐述了天道的平衡与调节作用及圣人行事的原则。在现实生活中，我们应当学习圣人的品质，关注社会公平正义，助人为乐，努力实现社会和谐与进步。同时，我们还应该认识到天道的平衡与调节作用，适度调整自身行为，遵循自然法则，以实现个人和社会的共同发展。

第七十八章

天下莫柔弱于水，而攻坚强者莫之能胜，以其无以易之。弱之胜强，柔之胜刚，天下莫不知，莫能行。是以圣人云："受国之垢，是谓社稷【jì】主；受国不祥，是为天下王。"正言若反。

在《道德经》的第七十八章中，老子通过对水的描述，阐述了道家哲学中的"弱胜强"和"柔克刚"的思想。这一章节强调了柔弱的力量，认为在面对强大的对手时，柔弱的一方往往能够取得胜利。这一观点在很多实际情况下都得到了印证。

首先，"天下莫柔弱于水，而攻坚强者莫之能胜，以其无以易之。"这句话描述了水的特性，它在自然界中是最柔弱的，但却能够战胜坚硬的东西。这是因为水的柔弱使其能适应各种环境，难以被改变。水的特性在这里被用来说明道家思想中的柔弱胜过刚强的观念。

其次，"弱之胜强，柔之胜刚，天下莫不知，莫能行。"这句话指出了弱胜强、柔胜刚的道理，虽然众所周知，但实际行动中却很难做到。这暗示了人们往往更容易被刚强、强硬的态度所吸引，而忽略了柔弱的力量。

再次，"是以圣人云：'受国之垢，是谓社稷主；受国不祥，是为天下王。'"这里引用了圣人的话，说明领导者应当肩负起治理国家的责任，包括承担国家的屈辱和灾祸。一个真正的领导者，应该以民为本，为国家的繁荣和安定承担一切，而不是只追求个人的权利和地位。

最后，“正言若反。”这句话揭示了这些道理看似与常理相反，但实际上却是正确的。再次强调了道家思想中反常识、反直觉的特点，鼓励人们用不同的角度去审视问题。

例如诸葛亮，三国时期蜀汉丞相，以其深思熟虑、战略远见和仁政治国而广受尊崇。他的一生在治国理念等多方面体现了《道德经》第七十八章的核心思想：“天下莫柔弱于水，而攻坚强者莫之能胜。”

首先，诸葛亮在蜀汉的治理上展示了“弱之胜强，柔之胜刚”的哲学。蜀汉在三国中地域狭小、资源有限，相对于魏、吴两国，无疑是“弱”者。然而，诸葛亮通过巧妙地联吴抗魏、运用地利、开发内政等方式，使蜀汉能在三国竞争中保持一席之地。例如，他在赤壁之战中，通过火攻计策，成功击败了曹操率领的大军，充分体现了“柔弱”胜过“刚强”。

其次，诸葛亮在个人品德和领导风格上也是“以其无以易之”的最佳示例。他常以温文尔雅、忍辱负重的态度面对困境和对手。即使在与敌对势力或顽固将领交涉时，也能保持冷静和理智，以柔克刚。如对孟获七擒七纵，通过连续擒拿孟获七次但不杀害他，又放了他七次，最终使其心服口服，归附蜀汉。

最后，关于“受国之垢，是谓社稷主；受国不祥，是为天下王”的观点，诸葛亮在刘备三顾茅庐接受他邀请出仕时，便承担起了蜀汉社稷的重任。在长安一役中，虽然失败，但他愿意承担所有责任，这正是“受国不祥，是为天下王”的体现。通过不断努力，他最终为蜀汉建立了一套完善的法律和教育制度以及粮草储备，为国家的长远发展打下了基础。

综上所述，诸葛亮的治国理念和实践活动在很大程度上体现了《道德经》第七十八章的精神。无论是在战略规划、人才使用，还是在面对困境与承担责任上，他都展示了软水之力能攻坚克刚、以弱胜强的智慧和勇气。

总结：《道德经》第七十八章从哲学角度强调了柔弱胜过刚强的道理，以及领导者应当肩负起国家的责任。通过诸葛亮的事迹，我们可以更深刻地理解这些道理，并将其应用于实际生活和工作中。这样，我们不仅能够更好地解决问题，还能够成为优秀的领导者，为国家和社会作出贡献。

第七十九章

和大怨，必有余怨，安可以为善？是以圣人执左契【qì】，而不责于人。有德司契，无德司彻。天道无亲，常与善人。

本章强调了以宽容、和平的态度处理纷争和怨恨，以达到和谐相处的目的。

首先，“和大怨，必有余怨；安可以为善”这句话告诉我们，即使消除了巨大的怨恨，也可能还会留下一些难以化解的余怨。因此，最好的方法是尽量避免产生怨恨，主动去和谐相处。

其次，“是以圣人执左契，而不责于人”，这里的“左契”意指订立的约定或协议。圣人在处理纷争时，会遵守约定，不对他人过于苛责。这体现了圣人以宽容、和平的态度来化解矛盾。

再次，“有德司契，无德司彻”这句话表明，有德行的人会公正地执行约定，而没有德行的人则会寻求彻底消除对方的方法。有德行的人具有公正、宽容的品质，能够以更积极的方式处理纷争。

最后，“天道无亲，常与善人”这句话说明，宇宙的自然法则是公正、中立的，不偏袒任何一方。然而，善良的人往往能够得到更好的回报，因为他们的行为符合道家的道德观念。

例如，知名企业联想集团在商业界和科技行业都曾取得过杰出的成就和作出巨大的贡献，该企业的商业决策在很大程度上体现了《道德经》第七十九章中的“和大怨，必有余怨，安可以为善？”的智慧。

首先，联想集团在与 IBM 的合作中展现出“和大怨，必有余怨”的实践性。2005 年，联想收购了 IBM 的个人电脑业务，这一决策在当时引发了大量的争议和担忧，尤其是在美国。尽管面临文化差异和政治压力，联想集团的管理者仍然强调合作和共赢，而没有采用更为激进或对立的策略。这种和解的态度确保了双方的关系得以维持，尽管仍有一些不可避免的矛盾和摩擦。

其次，联想集团通过其对待员工和合作伙伴的方式，体现了“安可以为善”的理念。他不仅重视企业的财务表现，更注重企业文化和员工福利。在联想集团管理层的领导下，联想设置了一系列福利计划和培训机会，以促进员工的职业发展。这种以人为本的管理方式不仅增强了员工的忠诚度，也提升了企业的整体表现。

最后，“有德司契，无德司彻。天道无亲，常与善人。”联想集团在商业决策和社会责任方面都展示了高度的德行。关注环境保护，支持教育事业，并通过慈善捐赠和社会项目积极回馈社会。联想集团曾经加入了多个全球性的环保组织，并参与了可持续发展项目。例如，联想在产品设计和生产过程中注意减少碳排放，同时推出了多个电子废品回收方案。同样地，在领导者的引导下，联想设立了多个社会责任项目和慈善基金。这些基金主要用于扶贫、灾害救援以及公共卫生等方面。领导者个人也多次向医疗、灾后重建等领域提供了资金支持。这样的行为赢得了社会广泛的认可和尊重，也符合《道德经》中提到的“天道无亲，常与善人”这一观点。

总结：《道德经》第七十九章强调了以宽容、和平的态度处理纷争和怨恨，以达到和谐相处的目的。联想集团的商业事迹为这一观念提供了生动的实践案例。这些行为不仅体现了《道德经》第七十九章中的观念，而且在实践中有着重要的指导作用。

第八十章

小国寡民。使有什伯之器而不用，使民重死而不远徙。虽有舟舆，无所乘之；虽有甲兵，无所陈之；使人复结绳而用之。甘其食，美其服，安其居，乐其俗。邻国相望，鸡犬之声相闻，民至老死，不相往来。

第八十章主要阐述了道家对理想国度的设想，描绘了一个宁静、自然、和谐的乌托邦式生活场景。这一章从哲学角度提倡简朴、自足、亲近自然的生活方式，认为这样的生活才能使人们得到真正的幸福和安宁。

“小国寡民。使有什伯之器而不用，使民重死而不远徙”这句话意味着在理想的国度里，国家的规模和人口都是较小的。这样的国家，虽然拥有先进的工具和技术，但并不过分追求物质生活，而是注重精神层面的满足。“什伯之器”代表了当时最先进的生产工具，但在这个理想国度里，人们并不过分依赖它们，而是让生活保持一种简朴和自然的生活状态。“使民重死而不远徙”这句话表达了人们对生活的珍视。在这样的国度里，人们害怕死亡，但却不远离自己的家园，因为他们觉得生活在这个地方已经足够美好，没有必要追求更远的地方。这里的“重死”并不是指恐惧死亡，而是指人们对生活的珍视和热爱。

“虽有舟舆，无所乘之；虽有甲兵，无所陈之”这两句话进一步说明这个理想国度的和平宁静生活。人们虽然拥有交通工具，却无须出行；虽然拥有武器装备，却无须战斗。这表明人们在这个国度里过着和谐、安宁的生活，没有战争和纷争。

“使人复结绳而用之”这句话提倡回归简朴的生活方式。“结绳”是古代计数和记录的方法，意味着人们回归最原始的生活方式，过上朴素、自给自足的生活。

“甘其食，美其服，安其居，乐其俗”这句话描述了这个理想国度的生活特点。人们吃的食物都是自然、美味的，穿的衣服都是舒适、好看的，住的地方都是安全、宁静的，而且人们都乐于遵循自己的习俗。这表明这个国度的生活是富足、和谐、自然的。

“邻国相望，鸡犬之声相闻，民至老死，不相往来”这句话进一步强调了理想国度之间的和平相处方式。邻国之间虽然相互可见，彼此的生活氛围也可感知，但他们并不互相干涉，人们可以在这种宁静和谐的环境中安享晚年。这里所表达的是一种互不侵犯、相互尊重的国际关系理念。

通过对《道德经》第八十章的解读，我们可以看到一个宁静、和谐、自然的理想国度形象。在现实生活中，我们可以从中国改革开放的伟大事业中找到这种理念的体现。邓小平曾经提出“发展是硬道理”，他希望通过发展经济，提高人民生活水平，让人们过上更好的生活。

在邓小平的领导下，中国经济实现了快速发展，人民生活水平得到了极大的提高，国家逐渐走向繁荣富强。邓小平的改革开放理念，正是对道家哲学中追求和谐、自然、宁静生活的现代化诠释。

邓小平虽然强调改革与发展，但他并没有忽视人们的精神需求。他主张发展社会主义精神文明，关注人的全面发展，提倡文明、健康、和谐的生活方式。邓小平的改革开放和社会主义精神文明建设思想，与《道德经》第八十章所描绘的理想国度相呼应，展现了人类对美好生活的共同追求。

总结：《道德经》第八十章传达了道家哲学追求宁静、自然、和谐生活的理念。在现实生活中，我们应该珍惜生活中的简单、和谐与美好。我们可以从自己的生活方式入手，逐渐实践老子的智慧，追求更简单、更和谐、更美好的生活。

第八十一章

信言不美，美言不信；善者不辩，辩者不善；知者不博，博者不知。圣人不积，既以为人，己愈有；既以与人，己愈多。天之道，利而不害；圣人之道，为而不争。

第八十一章是《道德经》的最后一章，本章主要阐述了道家哲学的一些核心观念，包括真实与虚伪、善与恶、知识与智慧、无私与利他以及天道与圣人之道。这一章旨在强调道家哲学追求的是真实、善良、智慧和无私的生活方式。

“信言不美，美言不信。”这句话表达了真实与虚伪的对立。“信言”是真实的话语，它可能不是很华丽，但却具有真实性；而“美言”则是华丽的、迷惑人心的虚伪之辞，往往并不真实。这句话告诉我们要珍视真实的言辞，而不要被表面的华丽所迷惑。

“善者不辩，辩者不善。”这句话强调了善与恶的区别。善良之人不会通过辩论来显示自己的优越，而善于辩论的人往往可能掩盖了自己的恶行。这句话提醒我们要关注内心的善良，而不是过分追求言辞的争胜。

“知者不博，博者不知。”这句话揭示了知识与智慧的关系。真正的智者并不是学识渊博的人，而是懂得如何运用知识的人。博学之人往往陷入知识的海洋，难以掌握真正的智慧。这句话教导我们要追求智慧，而非仅仅满足于知识的积累。

“圣人不积，既以为人，己愈有；既以与人，己愈多。”这两句话讲述了无私与利他的道理。圣人不追求财富和物质的积累，他们持续地为他人付出，却反而拥有更多。通过与他人分享，他们的财富反而更加丰富。这里所强调的是无私奉献、利他主义的精神。

“天之道，利而不害；圣人之道，为而不争。”这两句话揭示了天道与圣人之道的特点。天道是自然规律，它在滋养万物的同时，并不加以伤害。而圣人之道则是在为人类创造福祉的过程中，不与他人争斗，以和平共处为原则。这里表达了道家哲学追求和谐、自然和无为而治的理念。

例如陈嘉庚，一位杰出的华侨企业家和教育家，以其卓越的慈善事业和对华人社群的贡献而受到广泛的尊敬和赞誉。他的一生以某种方式展示了《道德经》第八十一章中所描述的道家智慧。

首先，“信言不美，美言不信”。陈嘉庚是一个非常实际的人，更注重行动而非空洞的言辞。他投资教育，特别是创办了厦门大学，这是一所在中国大陆和台湾都有重要影响的大学。他的行动比任何华丽的言辞更能赢得人们的信任和尊重。

其次，“善者不辩，辩者不善”。陈嘉庚是一位实践者而非空谈者，这一点在他对教育和社会福利的投资上表现得尤为明显。他不仅通过财力支持创建了厦门大学，还资助了多个社会福利项目和医疗设施。不同于那些喜欢在公众场合发表演说或写文章来宣传自己观点的人，陈嘉庚认为真正有价值的行动不需要过多的辩护或解释。他的行善行为本身就是他观点的最强有力的证明。

再次，“知者不博，博者不知”。陈嘉庚是一个成功的企业家，但他的真正成就在于资助教育和社会福利。他并没有追求广泛的领域或多样的投资，而是专注于那些他认为最重要的事务，即通过投资教育来提升人们的精神生活质量。

最后，“圣人不积，既以为人，己愈有；既以与人，己愈多。天之道，利而不害；圣人之道，为而不争”。陈嘉庚将他的财富用于社会福利和教育事业，这不仅让更多的人受益，也让他自己的人生更加富有意义。他的这种做法符合“为而不争”的原则，他没有试图通过他的善举来彰显自己的优越或获取更多的名誉，而是单纯地为了社会的利益。

总结：《道德经》第八十一章传达了道家哲学追求真实、善良、智慧和无私的生活态度。在现实生活中，我们可以从以上案例的事迹中找到这些道家哲学观念的体现。面对现实生活中的种种挑战，我们应该学会珍惜当下，追求内心的宁静和谐，关注精神层面的需求。在这个过程中，我们可以从《道德经》第八十一章的智慧中汲取启示，以创造一个更加美好的未来。

后 记

在这个快节奏、充满竞争的现代社会，人们往往忽略了对古老智慧的思考与借鉴。而《道德经》这部充满哲学智慧的经典，自公元前6世纪以来，一直对东方及全球文化思想产生着深远的影响。这部作品集中了老子对道、德、无为等哲学思想的精辟论述，为后世哲学家和思想家提供了丰富的启示。但苦于《道德经》原文思想深奥、语言古老，众多译注本仍旧语言复杂、晦涩难懂，并不适合普通读者阅读。鉴于此，作者决定从自己阅读并实践《道德经》30余年的心得体会角度去重新解读这部经书，以飨读者。

在解读这部经书的过程中，作者力求做到用“简单通俗、深入浅出、案例说明”的方式来解读每一章节，以帮助读者无障碍理解老子的哲学思想。作者试图在现代社会背景下，对《道德经》进行全面深入但又通俗易懂的解读，以发掘其对于现代人的启示和价值。同时，作者也关注到了《道德经》在2500多年传承过程中出现的被误解内容，因此在解读过程中，作者尽量保持客观、公正的立场，以避免对老子思想的错误解读。

此外，在解读本书的过程中，作者还结合了近现代哲学家的观点，以求对老子的哲学进行更全面、更深入的解析。作者相信，通过对《道德经》全面而新颖的解读，可以为现代社会的人提供一种全新的价值观参照，为人们在喧嚣、纷繁、复杂的世界中寻求内心的平和与安宁带来一丝力量。

在此，要对参与本书编辑出版的所有相关人员表示衷心的感谢。是他们付出了大量的时间与精力，才能使《道德经案例通解》这部作品顺利出版。同时要感谢所有支持本书的读者，正是你们的关注与支持，让这部作品有机会推向市场，让更多的人了解老子的哲学思想。

最后，希望《道德经案例通解》能为您带来启示与收获，帮助您在生活中找到平衡、宁静与智慧。愿《道德经》的智慧之光照亮我们的内心，引导我们在喧嚣、纷繁、复杂的世界中寻求真理与道义。

作者

2024 年 4 月